Liborio Firetto

Chi eravamo, chi siamo, cosa saremo

Youcanprint *Self - Publishing*

Titolo | Chi eravamo, chi siamo, cosa saremo
Autore | Liborio Firetto
Immagine di copertina a cura dell'Autore
ISBN | 978-88-91121-30-1

Youcanprint *Self-Publishing*
Via Roma, 73 - 73039 Tricase (LE) - Italy
www.youcanprint.it
info@youcanprint.it
Facebook: facebook.com/youcanprint.it
Twitter: twitter.com/youcanprintit

Introduzione

Questo libro nasce da un'improvvisa voglia di scrivere e di mettere alla luce quello che sento dentro di me, sulla mia persona e sul mondo che mi circonda.

Considerate le esperienze fatte finora, l'uso del verbo non è sufficiente ad esprimersi perché magari non si riescono a trovare le parole giuste in base alle circostanze, alle emozioni di quel determinato momento. Ho trovato nella scrittura la giusta espressione e liberazione dell'anima, penso che le parole siano facili a volte da dimenticare, ma quello che scrivi resta.

Una sorta d'autobiografia che si è evoluta man mano che quello che sentivo prendeva forma, uno spaccato di vita che si è materializzato in questo modo affinché non andasse perso, perché ognuno di noi ha qualcosa dentro di sé di prezioso che andrebbe condiviso; è un modo per trovare la pace con se stessi e possibilmente con gli altri.

Inoltre, ho aggiunto un approfondimento sull'epoca che stiamo vivendo e sui cambiamenti sociali, culturali ed economici.

Ogni volta che trasformo i miei sentimenti in scrittura, libero l'amore infinito che ho dentro di me, mi sento innamorato come per la prima volta ed è bellissimo!
Chiudo gli occhi e penso a te, li riapro e non ci sei.
Se potessi, volerei e con me ti porterei ad esplorare l'immenso amore che ho per te, per atterrare in un grande prato in fiore come tu sei; emani profumo d'amore, travolgi i nostri sensi e ci fai viaggiare in fantasie che non hanno né spazio né tempo, dove tutto si ferma solo per noi due, dimostrazione della potenza della nostra unione, incapaci di intendere e di volere dinanzi alla forza dell'amore. I nostri cuori si uniscono, scaturisce un assordante battito che spinge le nostre vite a superare ogni aspettativa e progetto, ci facciamo trasportare dal fluido magico sprigionato proiettandoci nella felicità che ogni essere sogna.
Consapevoli dell'attimo che ci travolge, facciamo tesoro di ogni minuto che ci resta, come un viaggio, nell'attesa di essere scelto, ma in realtà è lui che sceglie noi non sapendo la destinazione, affascinati e impauriti e ci lasciamo guidare lungo la via, non sappiamo dove porta e facendoci vedere le bellezze (sono le stranezze dell'essere così variegato), come un gusto che non sappiamo collocare, ma ci piace. Lo assaggiamo con curiosità assaporandolo con attenzione in ogni sua sfumatura, con quel retrogusto dolce amaro che ci accarezza da sempre, e ogni volta come se fosse la prima. Ingenuamente, ad un tratto, ritorniamo bambini, vivendo sensazioni nuove ogni giorno, con

quell'aria sorpresa e di gioia per la nuova scoperta: sono le nostre anime pure come quelle dei bambini che in quel momento così bello si scrollano di dosso tutto il peso della routine quotidiana e rinnovano quello spirito che sembrava perso.

Ogni giorno rammento quanto tu sia importante, consapevole della forza che riesci a darmi, lasciando libero il verbo prodotto dalla mia anima e, forse, ignara della sua profondità. Mi vengono i brividi al pensiero, e la mia anima e la tua sono come due astri nascenti nell'immensità dell'universo sconfinato chiamato amore. Potessi scegliere di morire e l'amore fosse un virus, sarei felice di morire, sapendo di spegnermi dolcemente e felice di aver passato ogni giorno della mia vita al tuo fianco, ma pronto a risorgere per tornare da te.

L'amore in fondo cos'è? L'amore è un sentimento molto bello che, però, al tempo stesso ci fa soffrire e in quel momento, proprio in quell'istante, stiamo male, scopriamo il senso, la sua essenza, il suo valore, quello che rappresenta e che, alle volte, è difficile da comprendere; ma la sua bellezza sta proprio in questo.

Non dobbiamo tentare di capire, è una magia, una cosa irrazionale, di cuore, è lui che ci guida, che ci sussurra le risposte, ma l'amore non ha bisogno di risposte, l'amore "è" bello così com'è.

 Aprire gli occhi al mattino con uno spirito e una consapevolezza della forza che dà, vedendo le cose in maniera diversa.

Sapere che esiste una persona che per qualche strana ragione, dico strana perché so che avrebbe potuto scegliere qualcun altro, ma ha preferito"Te", ti senti felice e fiero, ti rendi conto di possedere la chiave del suo cuore, che ti aprirà le porte del paradiso, e l'idea che sia scesa alla tua fermata valorizza te stesso.

Al di là dall'aspetto fisico, sei stato scelto per qualcosa, che altre prima non avevano notato e apprezzato come se fossero distratte o non si fossero accorte della tua presenza.

In quel frangente sono state impressionate e ti rendi conto di non essere una goccia nell'oceano.

Tirando fuori una parte di te che prima non conoscevi e che non riuscivi ad esprimere: colpa della timidezza, l'incapacità' ancora di intraprendere un rapporto con gli altri, eri magari considerato un diverso da loro, o ancora peggio uno *strano*, rischiando di rimanere solo.

Oggi vedo questa nuova generazione intraprendere relazioni in modo più rapido rispetto alla mia, ma con altrettanta facilità dissolversi, ancor prima di capire cosa le stesse accadendo.

Molto diversa la mentalità ed i mezzi di comunicazione messi a loro disposizione. Una volta invitare una ragazza sembrava un'impresa, t'imbarazzavi, arrossivi, era tutto più romantico: un bigliettino, un'occhiatina, le feste a casa degli amici; speravi che fosse la volta buona che qualcuna ti notasse, anche solo per un ballo! Magari, con la ragazzina più bella della classe ti emozionavi solo all'idea di incrociare il suo sguardo, il famoso gioco della bottiglia, poi, andava per la maggiore, e ti faceva stare con il fiato sospeso nella speranza che finalmente quel bacio arrivasse.

Oggi ci si lascia con un SMS o una telefonata senza capire il perché. Siamo bombardati dai media attraverso storie di vita quotidiana di gente che si separa con una facilità disarmante, senza avere il tempo di capire né sapere il perché si è arrivati a ciò, forse perché si è perso qualcosa per strada, qualcosa che una volta stava alla base del nostro modo di vivere: il rispetto, la comprensione, la fiducia e infine l'amore, una parola diventata d'uso comune, al cui suono quasi non si fa più caso, eppure al suo interno sono nascosti i segreti della nostra anima, parte di noi stessi che ci rende vivi.

 Ci chiediamo come abbiano fatto i nostri genitori a stare insieme quarant'anni, periodo che, solo a pronunciarlo, mette paura, perché in effetti, costituisce gran parte della nostra vita, mentre oggi non si riesce a resistere poco più di un decennio. Rimaniamo sconvolti da tutto ciò, questo cambiamento generazionale sembra che abbia cancellato quel collante che teneva unite le famiglie.

Una volta si tollerava e si comprendeva di più rispetto a oggi. La parità dei diritti tra uomo e donna ha fatto la sua parte, è vero, e, certamente, la situazione di un tempo non era neanche giusta. Era la gerarchia che dominava a quei tempi, solo l'uomo lavorava, mentre la donna rimaneva a casa a badare a se stessa e ai figli e non doveva fare altro. La vita sociale era questa, eppure da quella generazione è stata tirata su un'intera nazione con valori e idee sani. Oggi i tempi sono cambiati ed è giusto che sia così, ma il cambiamento è stato considerevole sotto certi aspetti. La conquista dell'indipendenza non voleva dire perdere le basi della nostra società, come per avere una specie di rivincita; vivere insieme non è un incontro, dove vince chi ha ragione, perché purtroppo le conseguenze sono ben diverse, nessuna delle parti è premiata, al contrario perdono tutti. Oggi, infatti, basta un niente per ritrovarsi in tribunale, il che non è un bel risultato.

Oggi, quando dici di essere felicemente sposato, ti guardano quasi come se fossi un marziano, e cominciano a bombardarti di episodi negativi e consigli su come metterti in guardia,quasi (come se) te la volessero *tirare:* oppure gli altri sono invidiosi del fatto che tu ce l'abbia fatta e loro no; ma, come ho riportato prima, non è un incontro, è la vita.

Io guardo i miei genitori e solo fra me e me mi dico: "Se ce l'hanno fatta loro, perché io non dovrei riuscirci?".

Non è più sufficiente l'amore, sono necessari anche altri elementi che qualcuno forse ha dimenticato: *comprensione, rispetto, perdono, tolleranza,* ecc., tutti ingredienti, che forse veramente facevano durare i matrimoni per molto tempo.

L'ultima volta che ho sentito nominare queste parole è stato al corso prematrimoniale, dove c'erano altre coppie come me e la mia futura compagna per la vita. Sono stato felice di vedere altre coppie che credevano ancora in quello che stavano facendo: se l'uomo sono millenni che si sposa ancora, ci sarà un motivo!Cos'è che spaventa oggi ? il fatto di dire "Si" per tutta la vita, un'affermazione troppo impegnativa, oggi non ci sono più le condizioni, per poterla affrontare?

Fino a più di sessanta anni fa, ma anche prima, era il fondamento della nostra vita, si costruiva tutto su quello. Farsi una famiglia: non importava se fossi stato ricco o povero, non si guardavano le condizioni economiche, bastava amarsi e avere un obiettivo comune: la famiglia, i figli, la casa, addirittura ci si sposava anche senza avere un lavoro, si partiva da zero.

Ci si accontentava di poco allora, i tempi erano diversi, quella semplicità, l'amore per la propria donna, o il proprio uomo, dava la forza, anche attraverso i sacrifici, per costruire una famiglia.

Le condizioni allora erano ancora più difficili, basti pensare alla guerra, le condizioni di lavoro, sanitarie e sociali, eppure le famiglie erano molto numerose e più unite; e più si era uniti, più le difficoltà si riuscivano a superare.

Ricordo ancora i racconti di mia nonna, di come conobbe mio nonno, una parentesi di vita trasformata in un romanzo d'altri tempi.

Il periodo si aggira intorno alla fine della seconda guerra mondiale, la loro storia era ambientata in Sicilia, terra meravigliosa, che io amo molto. In quel periodo il modo di pensare siciliano era molto arcaico e pieno di pregiudizi, (dove) l'onore, il rispetto, i ruoli e la famiglia vigevano assoluti come principi fondamentali uguali per tutti; è in parte tutt'oggi ancora così, ma certamente in forma più emancipata.

La famiglia di mia nonna era d'origini contadine. Mi raccontava che in quel periodo quando arrivava il momento di sposarsi, tutto era già deciso dalle famiglie, specialmente dai padri. Lei era già stata destinata in sposa ad un ragazzo che neanche conosceva.

Questi matrimoni erano già combinati dalle famiglie di entrambi tramite conoscenze parentali, inoltre, dato il periodo, il fattore caratteristico per la combinazione di questi matrimoni era *"la Robba"*, ossia la dote che si portava da parte di entrambe le famiglie.

Mia nonna da parte sua *offriva* una mula e delle galline, mentre la famiglia di mio nonno avrebbe donato la casa.

Nel frattempo mio nonno era riuscito a scappare dalla Polonia, dove era tenuto prigioniero dai tedeschi, e, varcando il confine italiano, si era rifugiato in Veneto, dove rimane per un breve periodo. In questo breve periodo si ambientò apprendendo gli usi e i costumi del posto che erano molto più moderni rispetto a quelli siciliani, soprattutto nei rapporti sociali, in particolar modo fra uomo e donna. Rientrato in Sicilia, fu invitato da un suo amico ad una festa a cui avrebbe preso parte anche mia nonna. Quando arrivarono a questa festa, accadde una cosa inaspettata. Di fianco a mia nonna c'era una sedia libera, mio nonno si andò a sedere proprio lì e questo gesto non fu benvisto dalle famiglie, fu giudicato una sfacciataggine da parte di mio nonno e una vergogna da parte di mia nonna; eppure, nonostante ciò, con quel gesto mio nonno la incuriosì.

Mia nonna rimase affascinata da quella disinvoltura e spregiudicatezza, una ventata di modernità e romanticismo, una storia d'altri tempi. Quel gesto se non fosse stato compiuto, io non sarei qui, il seguito, si può immaginare: naturalmente si sposarono.

Fa bene pensare alla semplicità e alla bellezza dei gesti romantici, storie d'amore che si trovano solo sui libri. Sguardi, carezze, appuntamenti nascosti all'insaputa dei propri genitori, con i cuori che battono all'impazzata, una chimica senza formula, emozioni che fanno bene al cuore. Erano tempi in cui si partiva per la guerra o per lavoro, ci si facevano promesse d'amore, in attesa del ritorno dell'amato, e nel frattempo si faceva voto di castità, perché il rispetto che ci si portava era come un lucchetto che aspettava il ritorno della propria chiave per aprirsi.

L'attesa era straziante: l'assenza dell'amato, preoccuparsi e domandarsi cosa stesse facendo, raccomandandosi al signore che non gli accadesse nulla fino al sospirato e sperato ritorno.

Mentre si attendeva, nella propria mente si facevano progetti: una casa, dei figli, un terreno dove allevare gli animali e coltivare i frutti della terra.

Oggi il presente rispetto al passato è ben diverso. Tutte queste belle cose riportate ai nostri giorni sarebbero ridicole, retrograde, addirittura banali perché, ormai, non fanno parte più del DNA delle moderne generazioni, che si basano su miti ben diversi da quelli di allora non avendo più modelli cui ispirarsi.

Lo status symbol

Viviamo ormai da diverso tempo nell'epoca del materialismo, dell'egoismo e del culto dell'estetica che sta soffocando, o ha già soffocato, quella del romanticismo, fatta di cose semplici ed essenziali. Siamo costantemente influenzati dal giudizio degli altri (come ci vestiamo, come parliamo, ...), condizionati non dai nostri gusti e da quello che ci piace, ma semplicemente da una visione differente dalla nostra, anche per la voglia di inserirsi in un certo ambiente. A Roma, per esempio, esistono diversi personaggi *(il Coatto, il Pariolino, la Zecca, l'alternativo)*, vestiti in un certo modo costituiscono un biglietto da visita. Una volta si diceva: " l'abito non fa il monaco", chiaramente è un concetto ben diverso dai livelli delle classi sociali di una volta. Evidentemente oggi non è più così, e non ci si ferma solo all'abito, non basta a dimostrare il nostro tenore di vita. Ci sono altre cose che servono a rafforzare il tutto, le auto, l'abitazione, i mobili ed oggetti con cui è arredata, gli accessori che indossiamo, sono diventati più che una necessità, uno status sociale. Il telefonino a cui all'inizio fu veramente riconosciuta la sua utilità, la possibilità di comunicare ovunque ci trovassimo, specialmente in casi di forte necessità, oggi è diventato molto di più, rispetto al motivo per il quale è stato progettato e sembra aver assunto un ruolo fondamentale nella vita delle persone che amiamo o poco ci manca; il risultato è che ci sentiamo più soli, più nervosi ed egoisti. Anche altri oggetti come (TV al plasma, LCD, 3D, computer, consolle di gioco) e quant'altro, purtroppo, oltre che darci un benessere per quanto riguarda la qualità della vita, hanno influito molto sulle nostre abitudini e interessi, perché per avere tutto ciò, (non che non si debbano possedere, ma nemmeno averne "10 esemplari di tutto") si accumulano debiti, difficilmente solvibili.

Una volta si faceva a meno di tutte queste cose, oltretutto perché molte non esistevano ancora. Oggi bisogna possederle a tutti i costi, è ciò ha influito tantissimo sul nostro modo di pensare, perdendo così la percezione, su cosa è realmente importante nella nostra vita, creandoci un continuo stato d'insoddisfazione che sembra incolmabile. Oggi, se sei depresso o triste, per riprenderti vai a fare *shopping,* o ti compri un'auto nuova; e poi? Passa qualche giorno e non è cambiato nulla dopo aver soddisfatto quel momentaneo bisogno.

Vivo in quest'epoca e non posso dire di non essere stato coinvolto da tutto ciò, ma non del tutto, almeno credo. Mi reputo un ragazzo come tutti gli altri, anche se qualche volta mi è passato per la testa, quand'ero più giovane, di essere un tipo fuori dal comune, o speciale; ma nel corso degli anni ho notato che non era così.

Sono nato alla fine degli anni settanta e cresciuto negli ottanta da genitori siciliani, una famiglia con dei valori ben definiti e radicati per chi conosce i siciliani, il rispetto, l'onore, il valore della famiglia soprattutto; sono nato a Roma, quindi il primo dopo una serie di generazioni, a nascere al di fuori di un paese dove il modo di pensare e di vivere è ben diverso da quello di una città - metropoli, la città eterna, ricca di storia, dove sono vissuti i cesari, Nerone, Tiberio, Marco Aurelio.

Al momento della mia nascita, ovviamente, la prima cosa che si è fatto è stato scegliere il nome. Infatti, da buoni siciliani, i miei genitori, mantenendo le tradizioni, hanno scelto il nome di mio nonno paterno: "Liborio", il primo in tutta Roma ,"Fico, no? ".

 Durante la mia infanzia non ci facevo tanto caso, ma le frasi diventavano sempre più ripetitive :

_"eh!" "Vittorio?"

 _"No, Liborio"

 _"ma che nome è, mai sentito nominare"

A quel punto mi sentivo in dovere di raccontare l'origine del mio nome, la storia ecc., e tutto questo capitava spesso, anche più di una volta al giorno: "Figuratevi che palle!". Però vado fiero del mio nome, perché a tutti gli effetti era unico allora e lo è anche oggi. Questo mi da' un certo orgoglio. Questa è una piccola parentesi, per far capire da che tipo di famiglia provengo e quale educazione ho ricevuto, valori come il rispetto verso i propri genitori e le persone.

Gli anni 80, secondo me, sono stati i più belli della mia vita, non solo perché li ho vissuti direttamente, ma anche perché ho l'impressione, e non vorrei sbagliarmi, che tutto quello che vediamo e sentiamo oggi proviene da quel periodo.

Se ci penso, all'età di cinque, sei anni, i miei giochi preferiti erano il *lego*, i *playmobil,* le pistole, le macchinine *majorette (*per chi se le ricorda), il *pongo,* il *das*, il *tango,* un pallone che oggi non ho più visto in giro, (e tanti altri giochi che fanno parte di quel periodo), poi i giochi che si facevano insieme agli amici, *un due tre stella, campana, nascondino, lo schiaffo del soldato*, ecc., e quando era ora di pranzo o di cena, si doveva smettere altrimenti papà o mamma si arrabbiavano. Avevamo paura soprattutto di papà, quindi si ubbidiva, e non si fiatava, oggi le cose sono molto diverse, si gioca alla play station da soli la maggior parte delle volte, con il computer cosa inimmaginabile per quei tempi.

 Oggi le reazioni dei giovani sono diverse, quando è ora di smettere, i *"non mi rompere"* piovono a raffica, e nonostante questi comportamenti da maleducati, o ineducati perché l'educazione gli è stata insegnata. E' difficile oggi far volare il cosiddetto ceffone, perché si rischia di essere denunciati per violenza su minore, o di rimanere vittima di reazioni contro i genitori.

Ma stiamo scherzando!

Una volta, per avere un gioco dovevi meritarlo, avoglia piangere, e i (vaffa) non ti passavano neanche per la testa, anzi, se insistevi …. in punizione o schiaffoni.
 I genitori di allora compravano quello che potevano permettersi, oggi ci s'indebita fino al collo per i capricci che fanno i figli dell'era moderna.

La TV, anche quella è cambiata, ha influenzato molto la nostra società, i programmi di allora con cui io e molte persone del mio stesso periodo, sono cresciute, erano divertimento puro, Happy days, Drive in, Tandem, Dallas, l'A-team, Supercar, Bim Bum Bam, e molti cartoni animati che sicuramente molti ricorderanno; ma oggi c'è soprattutto tanta violenza e tanto sesso messo allo sbando, argomento che una volta era considerato tabù.
 Un mezzo, la Tv, che, oltretutto ha cambiato il modo di comunicare; va per la maggiore la possibilità di ricevere informazioni di qualsiasi tipo, e senza censura , molti di voi credo abbiano capito di che cosa si tratti, è *internet*. Un'evoluzione nel modo di comunicare, uno strumento meraviglioso. Negli ultimi anni, sta mostrando, però, dei risvolti alquanto inquietanti. Si va dalla pornografia alla pedofilia, dalla violenza psicologica all'esaltazione di quella fisica. La cosa più terrificante è che tutto ciò è accessibile a chiunque, soprattutto ai bambini, che addirittura in tenera età sanno già "navigare" meglio di un adulto.
E' un dato di fatto che l'apprendimento ed i mezzi a disposizione dei più giovani, ancora in tenera età, sono molto diversi da quelli che noi utilizzavamo un tempo, avevamo come punti di riferimento soprattutto i

genitori che stanno per essere, o lo sono già, sostituiti dalla rete. La scuola non riesce, purtroppo, a stare al passo con i tempi, perché, come menzionavo poc'anzi, internet è diventata la fonte di comunicazione per eccellenza, ci trovi di tutto, anche quello che non si dovrebbe sapere; ma, nonostante si sia a conoscenza del problema, il fenomeno non è facile da controllare, è inarrestabile, questa è la conseguenza della modernità.

Pensate che tutto ciò non abbia influenzato e provocato degli scompensi sociali?

La conseguenza più evidente è che le persone passano più tempo con le *macchine;* perché le definisco così, perché è la realtà, che, però non è percepita, quando si va per esempio in Chat. E' vero che "chattare" ti fa sentire in compagnia e ti fa comunicare con molte persone, ma la cosa ha un seguito non proprio positivo, prima di tutto t'isola dal mondo reale e dai rapporti sociali, anche se, sicuramente, può aiutare le persone che hanno problemi a socializzare o comunicare, a intraprendere una relazione perché timide, o perché emarginati, diffidenti nei confronti della società, o hanno semplicemente paura di non essere accettati realmente per quello che sono.

A volte si ha difficoltà ad esprimersi e comunicare agli altri, questo è quel che si pensa "senza essere fraintesi o giudicati da quello che ho appena detto". Si stanno rovinando quei rapporti magari ancora sani, per così dire. Vi faccio un esempio, un marito e una moglie: lui, appassionato di computer, passa la maggior parte del tempo davanti al PC, trascurando il partner e innescando problemi all'interno del rapporto di coppia.

Inevitabilmente si viene accusati di trascurare, o addirittura di intrattenere una relazione extraconiugale *online*, con il rischio reale di incorrere in una separazione. E' assurda una cosa del genere, ma i problemi d'oggi sono anche questi, non posso affermare che non è possibile perché vivo in quest'epoca e non è la prima volta che sento cose del genere.

La cosa assurda è che una volta l'amante dovevi cercartela fuori, cosa che in ogni caso accade ancora oggi, ma almeno ne conoscevi l'aspetto e il carattere, i gusti, il modo di vestire, mentre oggi non sai che aspetto abbia e se realmente ti dichiari la verità sulla sua identità.

Tuttavia, voglio spezzare una lancia in favore dei social networks, sono d'interesse planetario, come *Facebook,* che, secondo me, hanno favorito l'evoluzione nel modo di socializzare e l'abbattimento delle barriere psicosociali, cose difficili da sviluppare in modo tradizionale; in qualche maniera è stata oltrepassata una barriera mentale e caratteriale, che è in ognuno di noi: timidezza, paura nel proporsi alle persone, diffidenza, intimità, privacy, i giudizi sono stati superati (cosa impensabile fino a poco tempo fa), si entra a contatto con persone sconosciute e conosciute. Si riesce a liberare attraverso la scrittura quel bisogno di libertà dell'espressione umana che, di fatto, era soffocata, o non aveva modo di essere espressa.

I sentimenti, le paure, i desideri, vengono per così dire messi alla luce. Questo grazie al fatto che dall'altra parte si riescono 'ad incontrare, anche se non fisicamente, persone disposte ad ascoltarti e a condividere con te parte di sé, anche attraverso i loro pensieri e le loro immagini.

Eppure, fino a poco tempo fa, si discuteva molto di privacy, concetto incredibilmente stravolto da questo fenomeno positivo.

Se si guarda sotto certi aspetti un mondo che apparentemente sembra dominato dall'egoismo, oggi il cosiddetto essere single, che sta dilagando, è confermato, dal fatto che ci si sposa molto meno rispetto a tanti anni fa. Viviamo in un mondo pieno di insicurezze, ci si sente a volte soli, anche se siamo pieni di amici e conoscenti o sposati, comunque sia, si va alla ricerca del contatto umano. E' diventato un fenomeno diffuso, una condivisione della propria vita con gli altri, cosa che prima non esisteva in questa forma, come se si avesse una paura tremenda della solitudine, ma da ipocriti si sbandiera che stiamo bene da soli.

La cosa più sconcertante, ma allo stesso tempo positiva, è che evidentemente dal punto di vista sociale, la gente ritiene di aprirsi agli altri, sempre però alcune volte facendo la dovuta attenzione.

 Anch'io sono parte integrante di questo fenomeno, e lo sto provando direttamente in prima persona. Fin da quando ero ragazzo, sono stato una persona timida, che aveva difficoltà nell' esporsi agli altri, soprattutto con le donne, e sicuramente non sono il solo. In ogni caso, nel tempo sono riuscito a superare questo lato del mio carattere, sono sostanzialmente una persona sensibile, ma con un forte carattere (sono un ariete), ho sempre creduto nell'amore verso gli altri, soprattutto verso le donne con cui riesco ad esprimermi intellettualmente, oltre che sul piano fisico (è naturale, dato che mi piacciono molto sotto tutti gli aspetti); riescono a tirare fuori la parte migliore ma anche peggiore di me.

La crescita personale è fatta anche di questo.

Sono sempre andato alla ricerca di una relazione duratura fin da giovane, forse per l'educazione e i valori trasmessi dai miei familiari.

I miei genitori sono entrambi siciliani, conoscendo la loro cultura ed i loro valori, l'idea che una relazione duri una settimana, o pochi mesi, e ci si lasci come accade oggi, e si passi ad un'altra relazione come se nulla fosse, non è nel loro modo di pensare; ovviamente, le cose oggi sono un po' cambiate, ma la sostanza rimane quella.

Un modo di pensare considerato antiquato, dato il periodo storico, dati gli eventi che tutti i giorni viviamo. Alcuni esempi sono evidenti, ci si sposa sempre meno, i matrimoni non durano tutta la vita come quelli dei nostri nonni e genitori, le separazioni sono all'ordine del giorno; le cause sono molteplici, l'emancipazione della donna e il raggiungimento della parità dei diritti con l'uomo, assolutamente giusta, sicuramente però ha portato ad un cambiamento dei rapporti.

Anche i single sono aumentati poiché si è raggiunta un'indipendenza abbastanza elevata, ma soprattutto si ha paura a legarsi in modo duraturo a un'altra persona. Molti dicono per scelta, ma io non ci credo, perché quando si torna a casa e non c'è nessuno che ti aspetta, che ti dia un bacio, una carezza, che ti chiede com'è andata la giornata, non è proprio il massimo. E' ovvio, puoi fare quello che ti pare senza rendere conto a nessuno, puoi dire "ma tanto sono pieno d'amici", ma questo è solo un tentativo di mascherare quel senso di sicurezza agli altri.

 Ovviamente dentro si soffre, e può capitare quella sera che chiami tutti quelli che ti passano per la testa, e capita che quella sera non esca nessuno, e questo da' fastidio, con un po' di tristezza.

Qui entra in ballo la realtà sociale d'oggi, *internet;* accendi il tuo computer, inizi a controllare le e-mail, ti metti a smanettare un po' per passare il tempo, poi vai sui social network Facebook*, Netlog,Twitter,* o altri siti di vario genere, dove ti sei sicuramente iscritto, alla ricerca di qualcuno con cui avere un contatto, una parola, un dialogo, e soprattutto persone da conoscere, e chissà da incontrare; ma la cosa più incredibile e inverosimile, è che lo fanno tutti, oltre ai single, trovi persone, sposate, fidanzate, separate, di qualsiasi età, sesso e religione per tutti i gusti, per evadere dalla realtà. Chiamiamola routine, siamo lì, davanti a quello schermo, a liberarci della corazza che ci siamo costruiti, in maniera diversa da quanto facciamo in un'uscita normale, che può essere una cena, una discoteca, un aperitivo; è ovvio che non siano tutti così, ma è un fenomeno in crescita e questo l'ho notato personalmente e sicuramente non sono il solo.

La riconquista di me stesso:
La forza degli altri

Tornando a me, nonostante tutto, sono riuscito a trovare una donna, con un approccio tradizionale, e a fidanzarmi per sette anni e poi a sposarmi, ma purtroppo dopo due anni mi sono separato, cosa del tutto inaspettata per il mio modo di pensare, immaginavo che sarebbe durato per sempre, come una volta, ma alla vita, come tutti sappiamo, non manca il senso dell'ironia.

I motivi sono stati molteplici, soprattutto caratteriali, dovuti a due storie di vita difficili e al modo di rapportarmi a lei: ho cercato di scambiare affetto, rispetto, comprensione, tolleranza, perdono, stima ecc., ho sofferto molto in nome dell'amore, fino ad annullare me stesso.

Lei, una persona con dei buoni principi, ma purtroppo un carattere crudo e duro, dovuto a un passato non facile, che ha inciso moltissimo sul modo di rapportarsi con le persone. Nonostante una serie di eventi positivi, tra cui il nostro matrimonio le cose non sono cambiate, anzi, sono peggiorate, anche a causa della lontananza per motivi lavorativi; l'abbiamo dovuta accettare, data la situazione che viviamo oggi, questo è un fattore che ha aggravato ancora di più il nostro rapporto. Il mio essere accomodante, la capacità di ingoiare tutte le divergenze e il suo modo di concepire la coppia del tutto distante dalla normalità, la mia insicurezza e l'amore che nutrivo per lei, la paura di perderla, mi hanno fatto tirare avanti per molto tempo, nonostante il suo distacco; era diventata un'abitudine e una sofferenza, e, data anche la mia presa di coscienza un po' tardiva perché cercavo di trovare dentro di me ancora una motivazione per continuare, ho deciso di rompere, per il bene di entrambi, perché ormai svuotato di tutto e privo di una visione di un futuro insieme con lei.

Adesso, tornato a una vita da single, con un'età' e una maturità molto diverse da quelle di quando mi sono fidanzato, nove anni di distacco da quello che *ero* e quello che sono adesso, mi sento diverso per aver ripreso la mia libertà, ed ho messo alla luce quello che sono realmente senza paura. Comunque, dentro di me sento una ferita che avrà bisogno di molto tempo per rimarginarsi e, soprattutto, per dimenticare nove anni della mia vita passati con una persona a cui ho voluto bene ed ho amato nonostante tutto.

Eppure i segnali li avevo avuti sulla mia situazione di coppia, i miei amici, i miei genitori e tutte le persone che mi conoscono, ma non ho dato ascolto, ho voluto solo ascoltare il mio cuore. Ho dovuto prendere la decisione più difficile della mia vita, cosa che non avrei pensato mai, ma che alla fine è venuta fuori da sola.

Da qui ho capito una cosa di me stesso, è che ho raggiunto il punto di rottura e di coscienza oltrepassando il limite, ognuno ha il suo e non si sa mai quando arrivi; nel corso del tempo mi sono considerato una persona di grandissima pazienza e tolleranza, ma anch'io ho scoperto di avere un limite, l'onnipotenza non appartiene a questo mondo, siamo solo persone.

Allo stesso tempo, però, ho scoperto una forza interiore, e un lato del mio carattere che non pensavo di avere, ho scoperto il lato oscuro della mia personalità, l'istinto di sopravvivenza. Molte persone che mi conoscono, mi hanno sempre considerato una persona buona e la particolarità di un buono è quella di essere sempre accondiscendente e di accettare tutto, anche le cose più negative, pensando di fare la cosa giusta secondo coscienza; tuttavia, anche le persone buone hanno il loro limite e quando lo raggiungono, cambiano, tirando fuori dei comportamenti mai adottati prima, sconvolgendo le persone che ti circondano.

Ho effettuato un taglio netto freddo è determinato ed ho ripreso in mano la mia vita rimanendo stupito e incredulo.

Dopo un po' di tempo, guardandomi alle spalle, mi sono chiesto perché non l'avessi fatto prima, ovviamente perché non ero pronto e, soprattutto, perché riuscivo sempre a trovare una scusa per continuare. "Sarà il periodo, le passerà, ormai la conosco ecc." ma il passare del tempo faceva emergere l'involuzione di qualcosa in cui credevo fosse amore, quella stessa cosa che mi ha permesso di resistere; però l'amore non è fatto per resistere, è fatto per essere vissuto nel migliore dei modi, ovviamente con gli alti e bassi, cosa che è nella normalità. Il mio era uno stato di continua sofferenza e abbandono , non riuscivo a lasciarla perché avevo paura di rimanere solo o, semplicemente, non ero pronto a distaccarmi dalla persona amata, anche se mi faceva soffrire.

Sono passati dei mesi dalla separazione, da una vita che pensavi ti appartenesse, che era parte di te, indelebile, perché oltre ai momenti brutti, ci sono stati quelli belli, che sono quelli più difficili da dimenticare, ma senti comunque dentro di te che sono parte della tua vita, l'hai condivisa con lei, e,di tanto in tanto, riaffiorano i ricordi, che ti fanno salire quel nodo in gola e le lacrime,ti fanno riflettere sul fatto che sei stato una persona vera. Parte di te stesso è imprigionata dentro le fotografie, il ricordo di quei momenti, ma le metti via non avendo neanche il coraggio di strapparle, per non farti salire un po' di tristezza e ti rendi conto che, per quanto adesso guardo avanti, alle mie spalle si è creata una voragine incolmabile, uno spazio temporale troppo grande perché possa essere sepolto.

 Credo ancora nell'amore, ancora un po' scottato, riconosco di essere diventato un po' più cinico per capire come vanno realmente le cose, ma il mio cuore batte ancora per quel sentimento, per quanto mi faccia soffrire, è difficile vivere senza di lei.

La Donna è senza dubbio la metà dell'anima di un uomo, l'unica che sa portarci al limite delle nostre emozioni, e non mi limito solamente all'amore e al sesso, ma alla loro predisposizione naturale nel saperci prendere, tirando fuori il meglio e il peggio da noi stessi.

Oggi le situazioni di coppia sono le più irregolari, separate con figli, con relativi problemi su chi debba tenerli, su quante debbano essere le visite da parte del padre o della madre; su questo argomento vorrei spezzare una lancia, su come a volte la giustizia non tenga conto che entrambi i genitori hanno pari diritti (in condizioni ovviamente normali senza casi clamorosi di pazzie varie da una parte o dall'altra). Poi ci sono le eccezioni e lì alzo le mani.

Nella maggior parte dei casi che si sentono i figli restano alla madre e il padre viene quasi sempre penalizzato, come se lui, alla fine, non debba partecipare al frutto dell'amore, che è per l'appunto un figlio. Credo che sia un modo di pensare un po' antico ed egoista, una volta si pensava al marito come capo famiglia, colui che doveva provvedere al suo sostentamento , quindi la persona più in forza, ma oggi, come sappiamo tutti, le cose sono cambiate.

 Oggi le donne hanno raggiunto la parità di diritti sia sociali sia economici, ma alcuni modi di fare non sono per nulla cambiati , i padri, nonostante tutto, sono penalizzati, e questa è una cosa che la giustizia ancora non tiene in considerazione come dovrebbe, anche se comunque ci vogliono leggi alla mano ed essere aggiornati sui risvolti.

Poi ci sono altri casi, ad esempio mariti che abbandonano le proprie mogli perché impauriti dall'arrivo di un figlio, o per un'infatuazione per un'altra donna, in termini di rapporti sia personali sia sessuali, la ricerca di qualcosa di diverso o di trasgressivo, ma ricordiamo poi che la colpa è sempre al cinquanta per cento.

Le situazioni possono essere molteplici, ma tutte portano a un improvviso cambiamento nella vita di una donna, del tutto inaspettato e difficile da realizzare:

rimanere sola a crescere un figlio, affrontare una causa di divorzio, fare da mamma e da papà.

E' un argomento molto delicato da trattare.

Eppure l'amore anche questa volta fa la sua parte perché dà la forza di reagire e prendere le redini di una vita, tutta nuova e in salita, ma con una forza e una consapevolezza che non si pensava di avere.

Io le definisco le *super donne.*

Molte Donne si chiedono, *"MA come ha fatto ?"* questo succede perché ovviamente non tutte le donne sono uguali, non tutte hanno la stessa forza, o sono disposte a rinunciare a se stesse.

Oggi molti casi lo dimostrano: abbandono di figli appena nati ,aborti, maltrattamenti che potrebbero essere causati da frustrazioni di qualunque tipologia, da quella economica a quella sentimentale, o addirittura dalla perdita di senno; oggi esiste una casistica in aumento di genitori che si fanno la guerra fino all'eliminazione di se stessi o del coniuge o, addirittura, della prole.

Che cosa sta succedendo all'essere umano ?

Qual è il fattore determinante che scatena tali comportamenti? Da che mondo è mondo, i problemi sono sempre esistiti, e, come si suol dire, a ogni problema esiste una soluzione.

Rispetto ai rapporti sociali di venti o trent'anni fa, cosa può aver determinato un cambiamento al livello del nostro inconscio? una forma di egoismo è una spiegazione, ma la cosa che stravolge è la perdita dei valori della vita stessa, perché altrimenti non si spiegherebbero gesti estremi di violenza sotto tutte le forme che conosciamo, psicologica, sociale, fino ad arrivare a quella fisica.

Se proviamo a pensare alla vita e al senso più semplice, puro, al suo valore che indefinitamente non può essere calcolato, dovremmo ricordare che si tratta di qualcosa che va al di là della razionalità; gli esempi sono sotto gli occhi di tutti, ma una cecità inspiegabile è sorta sulla nostra società, magari ci riflettiamo solo quando succede qualche tragedia che ci va a colpire personalmente.

Pensate al momento in cui schiudiamo gli occhi, apparentemente un'azione talmente semplice e banale, ma al tempo stesso un miracolo perché ci fa rendere conto di essere vivi, apprezziamo e ringraziamo nel vedere tutto ciò che ci circonda , il sole che ci scalda, i profumi e i sapori che sentiamo, la natura intorno a noi e in tutto questo il miracolo è sempre lo stesso la vita .

Le emozioni, tutte quelle sensazioni che influenzano il nostro stato d'animo, pensate alla cosa più banale ma importantissima che senza di queste non ci sarebbe modo di esistere, il sorriso di un bambino, la sua gioia di vivere , lo stupore che vediamo nei suoi occhi che guardano ciò che lo circonda e ogni giorno una scoperta nuova .

L'abbraccio di un amico e delle persone care che ci vogliono bene ma anche di quelle estranee, dal fatto che non si conoscono, ma vivono le stesse cose che viviamo noi ,cosa potremmo essere noi senza emozioni?

Le piante, la loro bellezza e il motivo della loro esistenza ,gli animali, l'ambiente e tutti quei fenomeni che ci circondano, il sole, il mare, le montagne, tutti fenomeni che oggi passano quasi inosservati. Siamo talmente stupidi e accecati da che cosa! Che cosa è più importante della vita? non dimentichiamoci che quando arriverà il momento del trapasso resterà tutto qui, non puoi portartelo con te nell'aldilà, che tu ci creda o no, non ha importanza quello che fai nella vita, che tu sia un avvocato o un medico, un personaggio pubblico o un poveraccio: di fronte alla morte siamo tutti uguali .

Perché tutti respiriamo allo stesso modo, tutti ridiamo, piangiamo, ci innamoriamo, ci emozioniamo, e godiamo di quello che la vita ci ha donato indipendentemente dal colore della pelle, razza , religione; è quello che pensiamo che ci rende diversi, è assurdo che debba arrivare il momento che stai per perdere tutto, e solo allora ti rendi conto di cosa realmente abbia valore nella vita ,non ci scordiamo che siamo solo di passaggio, non abbiamo tutta l'eternità.

Oggi basta talmente poco per perdere tutto, ci sentiamo onnipotenti, capaci di fare cose incredibili, e questo è vero quanto falso, basta una malattia, un incidente, un evento che sconvolga la nostra vita o quella di qualcuno che conosciamo per renderci conto e fermarci a riflettere su ciò che veramente conta nella nostra misera esistenza.

Non è possibile che per rinsavire debba accadere qualcosa di brutto che turbi il nostro equilibrio; oggi oltretutto i fattori che lo influenzano sono molteplici, la maggior parte di questi hanno occupato il posto di quelli fondamentali, viviamo nell'epoca del materialismo, dell'egoismo, dell'estetica, tutti fattori superficiali se ci si pensa bene, e non di valore profondo, sono diventati più importanti di quei valori che hanno sempre fatto parte della nostra vita, dandoci una visione di quello che siamo stati ,e di cosa vogliamo essere; pensate ai nostri genitori, potrebbe sembrare retorica ma parte tutto da lì.

Chi ci ha educati, secondo voi, i nostri genitori, è inutile perfino rispondere perché la risposta sta in ognuno di noi, siamo tutti figli di quest'epoca che ha influenzato il proprio percorso formativo e educativo, e il risultato è sotto i nostri occhi ogni giorno, i ragazzi che vediamo oggi non rispecchiamo alcuna sicurezza per il futuro, perché i loro valori sono molto diversi rispetto ai nostri: avere come obiettivo entrare al *Grande fratello* , *A*mici o qualsiasi altro mezzo che faccia avere un immediato benessere ma sempre fittizio, quindi, insicuro e privo di basi educative fondamentali capaci di portare un contributo alla società ma soprattutto a se stessi.

Che beneficio porta avere un personaggio televisivo in più, rispetto a un medico ,avvocato, idraulico ecc., sicuramente uno artistico d'intrattenimento ,ma non esiste solo quello per vivere .

Questo è un lato sociale ed economico da non sottovalutare, altrimenti il nostro paese non si troverebbe nelle condizioni in cui si trova; il senso della collettività manca in questo contesto perché si ricercano mezzi per raggiungere scopi personali, convinti che siano la soluzione della vita. Anche i nostri politici non danno l'esempio perché fanno la stessa cosa, loro vivono un'altra realtà che non è la nostra, quella di tutti i giorni. Qual è il punto di riferimento di quest'epoca? Berlusconi? Maria de

Filippi? Simona Ventura? Con tutto il rispetto per quello che fanno, a confronto dei grandi della storia che, comunque, hanno lasciato il loro contributo storico ed educativo come Gandhi, MalcolmX, Kennedy, De Gasperi, Berlinguer, Moro, Pertini, Giovanni PaoloII, lo stesso Mussolini; anche se possono esserci opinioni discordanti, a livello di pensiero, tutti avevano ideali ben precisi .

Oggi, se ci pensate bene, non esistono personaggi che possano dare un buon esempio, oltretutto perché (tutti questi) le figure che ho citato pensavano al bene comune, mentre quelle di oggi pensano agli affari propri riempiendosi le tasche e basta, qual è il loro contributo per la società ....nessuno .

 Se pensiamo alla famiglia, al rispetto per il prossimo, ma soprattutto per se stessi , è ancora più grave, perché se non rispetti te stesso come fai a rispettare gli altri?

Gli esempi sono tantissimi, dal drogarsi a commettere violenze di qualsiasi genere fisico e psicologico, tutti comportamenti che conducono alla distruzione di se stessi, se portati al limite, ma anche a far del male agli altri con la   perdita della percezione delle proprie azioni .

Parte dell'educazione di un ragazzo dipende dal ruolo dei genitori, ma, visti i risultati, hanno colpa anche loro perché i valori principali dovrebbero partire dai genitori stessi ; la scuola, purtroppo, non riesce a completare il lavoro perché prima di essere educatore, tu, per primo devi essere bene educato con dei sani principi. poi ovviamente la società fa il resto.

Quanto incide l'ambiente sull'evoluzione dell'uomo? . . . .

.... direi che è determinante, considerata la confusione, se non, addirittura, lo sgomento con cui i giovani, oggi,si calano nella realtà.
Particolarmente significativa a tale riguardo è stata per me la lettura del testo di Zeitgeist, Moving Forward (1) , che, quasi, apre una finestra sul mondo.
Ne cito i passi salienti.

I fattori genetici

I geni umani non determinano il comportamento in uno specifico modo, a prescindere dalle condizioni ambientali.
 Infatti ,sembra che alcuni dei fattori cui siamo esposti nell'infanzia e il tipo di educazione ricevuta incidano sull'espressione genetica accendendo o spegnendo letteralmente determinati geni portandoci su un determinato percorso evolutivo adatto al genere di mondo con cui si ha a che fare.
Studi fatti a Montreal su vittime di suicidio hanno analizzato, attraverso l'autopsia, il cervello di questi soggetti e ciò che ne uscì fu che se una vittima suicida (di solito giovani adulti) aveva subito abusi da bambino, gli abusi causavano effettivamente una mutazione genetica del cervello che era invece assente nei cervelli delle persone che non avevano subito abusi.

Questa è un'interferenza epigenetica (l'influenza epigenetica è ciò che accade a livello ambientale e che attiva o disattiva certi geni).

In nuova *Zelanda* fu eseguito uno studio, in una città chiamata *Dunedin*, in cui alcune migliaia d'individui furono osservati dalla nascita fino all'età di venti anni.

Ciò che dichiararono fu di essere riusciti a identificare una mutazione genetica, un gene anomalo che aveva qualche relazione con la predisposizione a commettere atti violenti, questo però solo se l'individuo era stato anche soggetto a gravi abusi da bambino.

In altre parole, un bambino con questo gene anormale non rischia di essere violento più di tutti gli altri, e infatti aveva davvero una minor tendenza alla violenza rispetto alle persone con geni normali, fintanto che non avesse subito abusi nell'infanzia.

Un'altra grande dimostrazione di come non tutto giri intorno ai geni.

Con una sofisticata tecnica, si può rimuovere uno specifico gene da un topo ,in modo che quel topo e i suoi discendenti non abbiano quel gene.

Così facendo, quel gene è stato eliminato.

Esiste un gene che codifica una proteina avente qualcosa a che fare con l'apprendimento e la memoria; e con questa incredibile dimostrazione fu abbattuto questo gene e si ottenne un topo che non apprendeva.

Oh! l'intelligenza ha una base genetica!

Ciò che fu molto meno apprezzato di questo straordinario studio che fu diffuso dai *media* dappertutto, fu che una volta poste queste cavie geneticamente indebolite in un ambiente ricco e stimolante rispetto a un normale topo in gabbia da laboratorio, questi superavano completamente il loro deficit.

Quando una persona nei giorni nostri dice:"Oh ,questo comportamento è genetico" e arriva a essere anche una sorta di assunto, ciò che sta intendendo è che l'influenza genetica incide su come quest'organismo reagisce a certi stimoli ambientali.

Questa non è la versione che la maggior parte delle persone ha in mente ,e non per essere troppo standardizzante, ma essa corre parallelamente con quella vecchia versione "è genetico!" che non è lontana dalla storia dell'eugenetica e altre cose del genere.

E' un fraintendimento piuttosto diffuso, potenzialmente piuttosto pericoloso, un motivo per cui si da' una spiegazione biologica della violenza e quell'ipotesi è potenzialmente fuorviante, perché può realmente nuocere....

È perché se ci credi, puoi tranquillamente dire :Beh non possiamo fare niente per cambiare la predisposizione che le persone hanno a diventare violente; tutto quello che possiamo fare è punirle-rinchiuderle o giustiziarle, ma non serve che ci preoccupiamo di cambiare l'ambiente sociale o le prerogative che possono portare la gente alla violenza, perché è irrilevante.

La scusa della genetica si concede il lusso di ignorare fatti storici e sociali passati e presenti e nelle parole di *Louis Menand* che scrisse nel *New Yorker* molto astutamente "...è tutto nei geni..." sta la spiegazione di come vanno le cose che non minaccia il modo in cui le cose vanno.

Perché qualcuno dovrebbe sentirsi infelice o dedicarsi a comportamenti antisociali quando quella persona vive nella più libera e prosperosa nazione sulla terra?

Non può essere il sistema. Deve esserci un problema nel cablaggio, da qualche parte.

Che bel modo di dire... quindi la tesi genetica è semplicemente un pretesto che ci permette di ignorare i fattori sociali, economici e politici che di fatto sono alla base di molti comportamenti problematici.

La schiavitù delle dipendenze

Le dipendenze , di solito sono considerate problemi legati alla droga, ma con una visione più ampia definirei dipendenza un qualunque comportamento
La dipendenza è un bisogno associato a un forte desiderio con un sollievo temporaneo e con conseguenze negative a lungo termine, accompagnato a una deficienza nel controllare questo desiderio, in modo tale che la persona desidera smettere o promette di smettere, ma non lo può fare; e capisci che sono molte di più le dipendenze di quelle legate alle droghe.
C'è dipendenza da lavoro, da shopping, da internet, da videogiochi e la dipendenza da potere. Gente che ha potere, ma ne vuole di più e ancora di più:
niente mai è sufficiente per loro.
Un esempio, acquistare le corporations per la dipendenza da petrolio o, almeno, dalla ricchezza e dai prodotti resi disponibili per noi dal petrolio.
Basti guardare alle conseguenze negative sull'ambiente.
Stiamo distruggendo il medesimo pianeta in cui abitiamo per questa dipendenza.
Allora queste dipendenze sono molto più devastanti nelle loro conseguenze sociali della dipendenza da cocaina o eroina.
E tuttavia è ben pagato e considerato rispettabile il dirigente dell'azienda di tabacco che, mostrando un aumento dei profitti, riceverà un compenso maggiore.
Non affronta nessuna conseguenza negativa, legalmente o in un altro modo.

Di fatto, è un membro rispettato appartenente alla dirigenza di parecchie altre corporation.

Le malattie collegate al fumo di tabacco uccidono cinque milioni di persone nel mondo, ogni anno 400 mila solo negli stati uniti, ogni anno.

E da cosa sono dipendenti queste persone ?

Dal profitto, sono così irrimediabilmente dipendenti da negare l'impatto delle loro attività, è tipico dei dipendenti negare ed è rispettabile essere dipendenti dal profitto, poco importa ciò che costa.

Che cosa sia accettabile e cosa rispettabile è qualcosa di puramente arbitrario nella nostra società, si direbbe che più è grande il danno e più rispettabile è la dipendenza.

C'è una leggenda metropolitana secondo cui le droghe di per sé creano dipendenza.

Di fatto, la guerra contro la droga è basata sull'idea che bloccando la fonte della droga si possa risolvere la dipendenza da essa.

Ora, se consideriamo la dipendenza nel senso più generale, capiamo che nulla di per sé crea dipendenza.

Nessuna sostanza, nessuna droga di per sé crea dipendenza e nessun comportamento di per sé crea dipendenza.

Molte persone possono andare a fare shopping senza diventarne ossessionate.

Non tutti diventano maniaci dal cibo.

Non tutti bevendo un bicchiere di vino diventano alcolizzati. Il vero problema è ciò che rende le persone suscettibili perché è la combinazione di un individuo suscettibile e di una sostanza o un comportamento che potenzialmente crea assuefazione e che porta alla fioritura di una dipendenza.

In breve, non è la droga a creare dipendenza, è la suscettibilità dell'individuo a divenire dipendente da una certa sostanza o comportamento.

Se vogliamo capire cosa renda quindi alcune persone suscettibili, dobbiamo guardare alle esperienze di vita.

La vecchia idea, per quanto obsoleta, ancora ampiamente sostenuta, secondo cui la dipendenza sia dovuta a cause genetiche, è scientificamente insostenibile.

La causa in realtà è che alcune esperienze di vita rendono le persone suscettibili.

Esperienze che non solo modellano la personalità e le necessità psicologiche delle persone, ma anche, in qualche modo, il loro stesso cervello.

E quel processo comincia nell'utero; è stato dimostrato, per esempio che se una donna gravida è sottoposta a stress suo figlio avrà maggiore probabilità di avere tendenza a dipendenze e questo perché lo sviluppo è determinato dall'ambiente psicologico e sociale.

Così, l'organismo umano è molto influenzato e determinato dalle esperienze vissute in utero.

L'ambiente non inizia dalla nascita, comincia non appena si ha un habitat, da quando si è un feto, si è soggetti a qualunque informazione giunga dalla circolazione materna.

Ormoni, nutrienti.

Un esempio evidente di questo è ciò che fu denominato l'inverno della fame in Olanda.

Nel 1944 i nazisti che occupavano l'Olanda decisero per varie ragioni di prendere tutto il cibo e trasportarlo in Germania; per tre mesi tutti là patirono la fame, decine di migliaia di persone morirono di fame.

L'effetto inverno della fame indica che un feto nel secondo o terzo trimestre coincide con il tentativo del corpo di capire l'ambiente: quanto sarà ostile là fuori?quanto copioso? quanti nutrienti sto ricevendo dalla circolazione di mia madre?

Essere un feto che ha sofferto la fame in quel periodo, programma il corpo a essere sempre molto avido di zuccheri e grassi e tenderà a conservarne ogni molecola.

Essere un feto dell'inverno olandese, anche mezzo secolo più tardi, a parità di condizioni, significa molto probabilmente soffrire di pressione alta, obesità o disfunzioni metaboliche.

Queste sono conseguenze dell'ambiente inaspettato.

Stressando gli animali da laboratorio durante la gravidanza si predisporrà la loro prole all'uso di cocaina e alcool una volta cresciuta.

Ed è possibile stressare madri umane; una ricerca britannica ha mostrato che le donne che subivano abusi durante la gravidanza avevano livelli più alti di cortisolo, l'ormone dello stress, nella placenta al momento del concepimento e i loro figli probabilmente sono più esposti a condizioni che comportano la predisposizione a dipendenze dall'età di sette o otto anni.

Nell'utero quindi lo stress prepara già a molti tipi di malattie mentali.

Uno studio israeliano fatto su bambini nati da madri incinte prima dell'inizio della guerra del 1967 ha dimostrato che queste donne, ovviamente molto stressate, hanno avuto una prole con un'incidenza maggiore di schizofrenia rispetto al normale.

Ci sono molte prove sugli effetti prenatali che hanno un enorme impatto sullo sviluppo dell'essere umano.

Il punto sullo sviluppo umano e specialmente sulla crescita del cervello umano è che avviene per la maggior parte sotto l'influenza dell'ambiente e soprattutto dopo la nascita.

Se ci paragonassimo a un cavallo che può correre dal primo giorno della sua vita, dovremmo ritenerci sottosviluppati.

Non riusciamo a mettere insieme così tanta coordinazione neurologica, forza muscolare, acutezza visiva prima di un anno e mezzo o due anni.

Questo perché lo sviluppo cerebrale di un cavallo avviene nella sicurezza del grembo materno, mentre nell'essere umano deve avvenire dopo la nascita e questo ha a che fare con la semplice logica evolutiva.

La testa s'ingrandisce, è quello che ci fa diventare umani, e lo sviluppo del cervello è, di fatto, quello che caratterizza la specie umana.

Allo stesso tempo, camminiamo su due gambe, quindi il nostro bacino si stringe a causa di questo; quindi abbiamo un bacino più stretto e una testa più grande dunque dobbiamo nascere prematuri; Questo significa che lo sviluppo cerebrale degli animali avviene nell'utero, nel nostro caso, avviene dopo la nascita e molto sotto l'influenza dell'ambiente.

Il concetto di Darwinismo Neurale significa semplicemente che i circuiti che percepiscono input appropriati dall'ambiente si svilupperanno ottimamente, mentre quelli che non lo percepiscono non si svilupperanno ottimamente o magari non si svilupperanno per niente.

Se si prende un bambino con occhi perfetti alla nascita e si mette in una stanza buia per cinque anni, rimarrà cieco per il resto della sua vita perché i circuiti visivi richiedono onde luminose per svilupparsi, senza le quali anche il più rudimentale circuito presente e attivo alla nascita atrofizzerà, e morirà e i nuovi non si svilupperanno.

C'è un modo significativo nel quale le esperienze iniziali modellano il comportamento da adulti, anche e soprattutto le prime esperienze per le quali non si ha memoria.

Si è scoperto che esistono due tipi di memoria: c'è la memoria esplicita, che è la capacità di ricordare cioè quando si possono ricordare fatti, dettagli, episodi, circostanze.

La struttura del cervello, chiamato ippocampo, la quale codifica i ricordi non comincia nemmeno a svilupparsi a pieno ritmo prima di un anno e mezzo e non sarà pienamente sviluppata se non molto più tardi.

Ecco perché difficilmente qualcuno ha dei ricordi prima dei diciotto mesi.

C'è un altro tipo di memoria che è chiamata *memoria implicita* che è, in realtà, una memoria emozionale dove l'impatto emozionale e l'interpretazione che il bambino fa' di quelle esperienze emozionali, sono radicate nel cervello nella forma di circuiti nervosi pronti a eccitarsi senza un ricordo specifico.

Per dare un chiaro esempio: le persone adottate hanno molto spesso un senso di rifiuto durante tutta la loro vita. Essi non possono ricordare l'adozione.

Essi non possono ricordare la separazione dalla madre genitrice perché non c'è niente lì da ricordare.

La memoria emozionale dalla separazione e del rigetto è profondamente inculcata nei loro cervelli. Perciò è molto più probabile che provino una sensazione di rifiuto e un grande turbamento emotivo, quando sentono di essere rifiutati dagli altri.

Non è prerogativa di perdono che è stato adottato, ma particolarmente forte in loro per via di questa funzione della memoria implicita.

Le persone con una dipendenza, tossicodipendenti irriducibili risultano praticamente tutti essere stati significativamente abusati da bambini o aver sofferto severi danni emozionali. Le loro memorie emozionali o implicite sono di un mondo che non è sicuro e non dà aiuto, tutori dei quali non ci si può fidare e svolgendo una relazione che non è sufficientemente sicura per mostrarsi vulnerabile, dunque le loro risposte tendono a mantenersi separate da relazioni davvero intime; dottori ed altri che sembrano bene intenzionati, e tendono a vedere il mondo in generale come un posto pericoloso…e questa è strettamente funzione della memoria implicita che a volte concerne episodi che non ricordano nemmeno.

Anche il contatto è importante.

Bambini che sono nati prematuramente e finiscono in incubatrici per un breve o lungo periodo devono essere toccati o accarezzati sulla schiena per dieci minuti al giorno per promuovere lo sviluppo cerebrale.

Il contatto umano è essenziale per lo sviluppo e, infatti, i neonati mai presi in braccio finiscono per morire.

Questo mostra quanto sia fondamentale il contatto negli esseri umani.

Nella nostra società c'è una sfortunata tendenza di dire ai genitori di non prendere in braccio i bambini che piangono per paura di rovinarli, li incoraggiano a lasciarli dormire per tutta la notte basta che non li prendano in braccio, cosa che è esattamente l'opposto di quello di cui hanno bisogno. Questi bimbi alla fine tornano a dormire perché si arrendono e i loro cervelli semplicemente si spengono, come per difendersi dal rischio di essere veramente abbandonati dai genitori, ma i loro ricordi impliciti saranno quelli di un mondo che non se ne frega di loro.

Molte di queste differenze sono costruite assai presto nella vita; in qualche modo.

La diversa esperienza dei genitori (quanto la vita sia stata pesante oppure quanto sia stata facile) passa ai bimbi sia tramite depressione materna o tramite maltrattamenti, perché devono imparare una dura lezione.

Perché sono semplicemente stanchi dopo una lunga giornata di lavoro queste cose hanno effetti molto potenti nella programmazione dello sviluppo dei bambini, di cui oggi conosciamo molte cose.

Questa sensibilità precoce non è un semplice errore evolutivo.

Esiste anche in molte altre specie, anche nelle spore c'è un processo di adattamento precoce rispetto al tipo di ambiente in cui la pianta dovrà crescere.

Per gli umani, l'adattamento è rispetto alla qualità delle relazioni sociali.

Dunque all'inizio della vita quanta cura, quanto conflitto ,quanta attenzione ricevi!

E' un assaggio del tipo di mondo, dove devi combattere per avere ciò che ti serve ,dove devi guardarti le spalle, difenderti da solo ,non fidarti degli altri?

Oppure stai crescendo in una società, dove fai affidamento sulla reciprocità, la mutualità, la cooperazione, dove l'empatia è importante e dove la tua sicurezza dipende dalle buone relazioni con le altre persone?

Questo richiede uno sviluppo emozionale e cognitivo molto diversificato, questo significa una sensibilità precoce e l'essere genitori è, anche senza volerlo, un sistema per trasmettere questa esperienza ai bambini riguardo al mondo in cui vivono.

La personalità si costruisce fin nei primi mesi di vita

Un grande psichiatra infantile britannico, DW Winnicott, disse che principalmente due cose possono andare storte nell'infanzia:la prima è quando accadono cose che non dovrebbero verificarsi, e l'altra è quando non accadono cose che dovrebbero verificarsi.
Nella prima categoria ricadono le esperienze drammatiche, di abuso e di abbandono di pazienti in cura e di molti tossicodipendenti.
Questo è ciò che non dovrebbe succedere; ma c'è anche l'attenzione priva di distrazioni e stress da parte dei genitori. (serve a ogni bambino, ma che molto spesso i loro non hanno.)
Non subiscono abusi, non sono trascurati, e non subiscono traumi, ma ciò che dovrebbe succedere, la presenza emotiva di un genitore che li educa non è garantita a causa dello stress della nostra società e dell'ambiente educativo.
Lo psicologo Allan Schore lo definisce abbandono prossimale, quando il genitore è fisicamente presente, ma emotivamente assente.
Si è scoperto che i più violenti criminali delle nostre prigioni sono stati a loro volta vittime di abusi infantili che superano qualsiasi cosa si sia mai usato per definire abuso.
Le persone più violente sono viste, a loro volta, come sopravvissuti alla loro stessa morte per mano dei loro genitori o di altre persone nella loro sfera sociale, o

sono i sopravvissuti di familiari uccisi, i loro familiari più cari, da altre persone.

Il Buddha ha affermato che tutto dipende da tutto il resto; lui dice "l'uno contiene il tutto, e il tutto contiene l'uno". Dice ancora che non si può capire nulla in modo isolato dal suo ambiente, la foglia contiene il sole, il cielo e la terra ovviamente.

È stato dimostrato essere vero, naturalmente riguardo qualunque cosa, e in particolare quando si parla di sviluppo umano.

Il termine scientifico che si usa è natura bio-psicosociale dello sviluppo umano che dice che la biologia degli esseri umani dipende molto dalla loro interazione con l'ambiente sociale e psicologico.

In particolare, lo psichiatra e ricercatore Siegen Daniel dell'Università di Los Angeles, UCLA, ha coniato una frase *"Neurobiologia interpersonale "*che vuol dire che il modo in cui il nostro sistema nervoso funziona dipende molto dalle nostre relazioni personali:

in primo luogo con le cure date dai genitori, in secondo luogo con altre importanti figure di attaccamento nelle nostre vite, e in terzo luogo con la nostra intera cultura.

Così che non si possa separare il funzionamento neurologico di un essere umano dall'ambiente nel quale lui o lei è cresciuto e nel quale continua ad esistere; e questo è vero per tutto il ciclo della vita.

Ciò è particolarmente vero quando si è dipendenti e impotenti durante la fase in cui il cervello è in via di sviluppo, ma è vero anche negli adulti e alla fine della vita.

Gli esseri umani hanno vissuto in quasi ogni tipo di società, quella basata sulla caccia e la raccolta sembra essere stata molto equa, ad esempio sulla base della condivisione del cibo e lo scambio di doni e prodotti.

Piccoli gruppi di persone vivevano principalmente al di fuori del sistema agricolo, con un po' di caccia.

Prevalentemente tra persone che si sono conosciute durante tutta la vita, circondati da cugini di terzo grado o di primo, in un mondo in cui c'è una grande armonia tra loro, dove la cultura del materialismo è praticamente inesistente.

Così gli esseri umani hanno vissuto gran parte della loro storia ominide.

Una delle cose che si ottiene come risultato è un basso livello di aggressività; la violenza organizzata di gruppo non era qualcosa che accadeva in quel tempo della storia umana e questo sembra essere abbastanza chiaro.

Quindi dove abbiamo sbagliato?

La violenza non è universale, non è distribuita simmetricamente attraverso l'umanità.

Esistono alcune società in cui virtualmente non c'è violenza; ce ne sono altre che si auto distruggono.

Durante le guerre principali, come la Guerra Mondiale, la gente che veniva convocata e si rifiutava di fare servizio militare andava in prigione piuttosto.

 Fare, invece, il servizio militare tra i kibbutzim in Israele era completamente diverso, il livello di violenza era così basso che le corti di giustizia spesso vi mandano i violenti o persone che hanno commesso dei crimini per vivere tra i kibbutzim ed imparare una vita non violenta…

Perché è così che lì vive la gente; perché siamo ampiamente modellati dalla società.

Le nostre società ,in senso lato, includono le influenze teologiche ,metafisiche, linguistiche .

Le nostre società contribuiscono a farci credere che la vita sia fondata sul peccato o sulla bellezza; che l'aldilà ci ricompenserà con un premio per come abbiamo vissuto, oppure se tutto ciò è irrilevante.

In un certo senso grosse società potrebbero essere denominate individualiste o collettiviste e si hanno molte persone diverse e differenti modelli di pensiero.

Siamo cresciuti con più variabilità sociale di ogni altra specie, più sistemi di credenze, di stili di strutture familiari, modi per allevare i figli; la capacità di varietà che abbiamo è straordinaria.

In una società che si basa sulla concorrenza e realmente, molto spesso, sullo sfruttamento spietato di un essere umano da parte di un altro.

L'approfittarsi dei problemi altrui è molto spesso la creazione di problemi per fini di profitto; l'ideologia dominante molto spesso giustificherà tale comportamento con appelli ad alcuni fondamentali attributi della natura umana. Così il mito della nostra società è che le persone sono competitive per natura e che sono individualiste ed egoiste.

La realtà è l'esatto contrario, abbiamo alcuni bisogni umani.

L'unico modo col quale si può parlare concretamente della natura umana è attraverso il riconoscere che vi sono alcuni bisogni umani.

Abbiamo bisogno umano della compagnia e di un contatto intimo per l'essere amato, vicino a qualcuno, accettati per essere visti, essere accettati per ciò che siamo.

Se queste esigenze sono soddisfatte, ci sviluppiamo in persone compassionevoli e cooperative che hanno empatia per gli altri; al contrario, spesso si vede nella nostra società una distorsione della natura umana proprio perché così poche persone hanno i propri bisogni soddisfatti.

Si può parlare di natura umana ma solo nel senso delle esigenze umane fondamentali che sono istintivamente evocate o dovrei dire, alcuni bisogni umani.

Che portano a certe caratteristiche se sono soddisfatti e un diverso set di esse in caso contrario; quindi quando si riconosce che l'organismo umano che ha una grande flessibilità adattativa che ci permette di sopravvivere in diverse condizioni è anche rigidamente programmato per alcuni requisiti ambientali o bisogni umani un imperativo sociale comincia a emergere.

Proprio come il nostro corpo ha bisogno dei nutrienti fisici, il cervello umano esige forme positive di stimoli ambientali in tutte le fasi di sviluppo contemporaneamente al bisogno di essere protetti dalle forme di stimolo negative.

E se le cose che dovrebbero accadere, non accadessero….

O se le cose che non dovrebbero accadere ,accadessero….

È oramai evidente che la porta può essere aperta non solo per una cascata di malattie mentali e fisiche ma anche molti comportamenti umani dannosi.

Così come noi rivolgiamo ora la nostra prospettiva verso l'esterno e teniamo conto dello stato delle situazioni oggi dovremmo anche porci la domanda: La condizione che abbiamo creato nel mondo moderno è veramente a sostegno della nostra salute? Il fondamento del nostro sistema socioeconomico agisce come una forza positiva per lo sviluppo umano e sociale e per il progresso?

Oppure, la gravitazione fondante della nostra società in realtà va contro i requisiti fondamentali dell'evoluzione necessari per creare e mantenere il nostro personale e sociale benessere.

Dove è iniziato tutto questo? Quello che abbiamo oggi è un mondo in uno stato di collasso cumulativo.

Il benessere personale e sociale

John Locke introduce il concetto di proprietà e i tre requisiti per la giusta società civile e la proprietà privata. e i requisiti sono:
*   devono esserci abbastanza rimanenze per gli altri;
*   queste non devono essere lasciate in rovina;
*   il lavoro, soprattutto, deve unirsi a esse.
Pare giustificato che unire il lavoro al mondo dia diritto al prodotto che ne consegue e finché ci sono abbastanza rimanenze per gli altri, finché non sono sprecate,è tutto ok.
Il suo famoso trattato sul governo, sin d'allora è considerato testo canonico per la comprensione della struttura economica, politica legale.
Difese fino all'ultimo la proprietà privata, poi la mollò, dicendo: l'introduzione del denaro arrivò con il tacito consenso degli uomini, e poi diventò una condizione mai stata cancellata.
E ora noi non abbiamo né prodotti, né la proprietà guadagnata con il lavoro.
Oh no-i soldi ora si comprano il lavoro.
Non ha più importanza l'avere rimanenze per gli altri, non ha più importanza perché dice che il denaro è come l'argento e l'oro. L'oro non si deteriora quindi il denaro non può essere responsabile dello spreco... che è una cosa ridicola, non stiamo parlando di denaro e dell'argento, stiamo parlando dei loro effetti.
E' un sorprendente inganno logico in questo caso ma risponde agli interessi dei capitalisti.

Nella società d'oggi, raramente si sente parlare del progresso della società nel proprio paese in termini di benessere fisico, stato di felicità, fiducia o stabilità sociale.

Invece, le misure sono presentate a noi per mezzo di astrazioni economiche.

Abbiamo prodotti interni lordi, indice di prezzo per consumatore, il valore della borsa, tassi d'inflazione e così via.

 Tutto ciò ci dice qualcosa del vero valore riguardo alla qualità vita della gente?

No.

Tutte queste misure hanno a che vedere con la sequenza di denaro stessa e nient'altro; ad esempio il prodotto interno lordo di una nazione.

È una misura del valore dei beni e dei servizi venduti, relazionata con gli standard di vita della gente di una nazione.

Negli Stati Uniti la quota sanitaria valeva di più del 17% del PIL nel 2009, radunando più di $2500 miliardi di spese.

Poiché si crea un effetto positivo in questo settore economico, basandosi su questa logica, sarebbe ancora meglio se i servizi sanitari aumentassero possibilmente fino a $3 mila miliardi oppure $5 mila miliardi perché ciò creerebbe più rialzo, più lavori, e quindi è vantato dagli economisti un rialzo nello standard nella vita della nazione.

Cosa veramente rappresentano i servizi della Sanità?

Bè, gente malata e gente che muore, ha azzeccato, più gente si ammala negli USA , migliori sono i guadagni per l'economia.

Allora, quella non è un'esagerazione o una prospettiva cinica; infatti, se torniamo abbastanza indietro nel tempo, vediamo che il PIL fallisce a riflettere il vero stato della salute sociale o pubblica in qualsiasi livello tangibile, è, di fatto, maggiormente una misura d'inefficienza industriale e degradazione sociale.

Bisogna creare problemi per creare profitto. Con il paradigma attuale non c'è profitto. Nel salvare vite, portare equilibrio sul pianeta o nell'avere giustizia e pace o qualsiasi altra cosa non c'è semplicemente alcun profitto in queste cose.

C'è un vecchio detto "dai una legge e inizia un business" sia che si tratti di affari per un avvocato o altro, così il crimine crea affari così come la distruzione ha creato affari ad Haiti.

Abbiamo due milioni di persone in carcere negli Usa e di queste la maggior parte sono prigioni gestite da imprese private che quotano le proprie azioni a Wall Street.

In conformità a quante persone sono rinchiuse.

Questa situazione è malata, ma è un riflesso di ciò che il nostro paradigma economico richiede.

Quindi, cosa chiede il nostro paradigma economico?

Che cosa permette al nostro sistema economico di andare avanti?

Il Consumo.

Più precisamente, quando eliminiamo le fondamenta dell'economia di mercato classico, ci ritroviamo con una trama di scambi economici che semplicemente non è permesso fermare e neanche rallentare: sostanzialmente , la società, come la conosciamo, deve continuare a funzionare?

Ci sono tre principali attori sulla scena economica, il lavoratore, il datore di lavoro e il consumatore.

Il lavoratore vende lavoro al datore di lavoro per un reddito, il datore di lavoro vende servizi produttivi, quindi beni ,al consumatore per un reddito.

E il consumatore, ovviamente, è solo un altro ruolo del datore di lavoro e del lavoratore che spende nuovamente nel sistema per permettere al consumo ciclico di continuare.

In altre parole, il sistema di mercato globale è basato sul presupposto che ci sarà sempre abbastanza domanda di prodotti in una società per spostare sufficiente denaro intorno ad un tasso che possa mantenere il processo di consumo in corso.

E, più veloce è il tasso di consumo, tanto più la cosiddetta crescita economica è concretizzata e così la macchina va. Ma, un momento, pensavo che l'economia avrebbe dovuto economizzare!

Non ritiene, invece, che il termine stesso debba avere a che fare con la conservazione.

E l'efficienza, e la riduzione dei rifiuti?

Così, come può il nostro sistema che richiede consumo, per essere tanto migliore deve preservare la migliore efficienza o "Economizzare" il tutto?

L'intento del sistema di mercato è, infatti, l'esatto opposto di ciò che una reale economia si suppone debba fare, dovrebbe essere orientata all'efficienza e alla conservazione dei materiali per la produzione e la distribuzione delle merci per il sostegno della vita.

Viviamo in un pianeta finito, con risorse limitate, dove per esempio, il petrolio che utilizziamo ha richiesto milioni di anni per generarsi…
Dove i minerali che usiamo hanno richiesto miliardi di anni per formarsi.
Quindi ….avere un sistema che promuove deliberatamente l'accelerazione dei consumi per il bene della cosiddetta "crescita economica", è pura follia ecocida.
L'assenza di rifiuti, questa è l'efficienza.
Questo sistema è il più dispendioso rispetto a tutti gli altri sistemi esistiti nella storia del pianeta.
Ogni livello dell'organizzazione della vita e del sistema di vita è in uno stato di crisi e di sfida e di degrado o collasso.
Nessuna rivista scientifica che abbia effettuato un controllo degli ultimi trenta anni ti dirà qualcosa di diverso: ovvero che quello stile di vita è in declino così come lo sono la previdenza sociale e l'accesso all'acqua.
Prova a nominare un mezzo di sussistenza che non sia minacciato e in pericolo, non puoi, lo sono tutti e ciò è decisamente molto sconfortante.
Ma noi non abbiamo nemmeno compreso il meccanismo casuale, non vogliamo affrontare il meccanismo casuale.
Vogliamo solo andare avanti, si sa che è follia fare e rifare le stesse cose all'infinito, è anche ovvio che qualcosa non funzioni. Quindi, in verità, non abbiamo a che fare con un sistema economico ma addirittura con un sistema anti-economico.

L'anti-economia: un vecchio detto dice che il modello di mercato competitivo vuole creare i beni migliori al prezzo più basso possibile, questo rappresenta il concetto dell'incentivo che giustifica la concorrenza del mercato, basandosi sul presupposto che il risultato sia la produzione di beni di qualità più alta.
Se mi dovessi costruire un tavolo dal nulla, lo farei usando i materiali migliori, no?
Con l'intenzione che duri il più possibile, perché dovrei costruire qualcosa di scadente sapendo che alla fine dovrei ricostruirlo con un altro dispendio di materiali ed energie ?
Quanto detto, per quanto razionale possa sembrare nel mondo fisico, quando si tratta del mondo del mercato, non solo è esplicitamente irrazionale ma non è nemmeno preso in considerazione.
E' tecnicamente impossibile produrre qualsiasi cosa se un'impresa deve mantenere la produttività e restare accessibile al consumatore.
Letteralmente qualunque cosa creata e messa in vendita nel mercato mondiale è immediatamente inferiore nel momento in cui viene creata perché è impossibile.
Esattamente creare un prodotto più avanzato, efficiente e strategicamente sostenibile.
Ciò è dovuto al fatto che il sistema di mercato richiede l'efficienza dei costi o la necessità di ridurre le spese in ogni fase della produzione.
Dal costo del lavoro, al costo dei materiali, dell'imballaggio e così via.
Gli imprenditori adottano questa strategia competitiva, ovviamente per assicurarsi che il pubblico compri i

loro prodotti invece che da un produttore di concorrenza, che sta facendo la stessa cosa per fare anche i propri prodotti competitivi e accessibili.

Questa dispendiosa conseguenza del sistema potrebbe essere denominata "Obsolescenza intrinseca".

Tuttavia questa è solo una parte del problema; un principio fondamentale nel mercato dell'economia che non troverai in nessun testo è il seguente:

"a nessuna cosa prodotta, è permesso avere una durata di vita più lunga di ciò che può essere sostenuto per continuare il consumo ciclico".

In altre parole, è cruciale che la roba si guasti, fallisca, scada dentro una certa quantità di tempo. Questa è denominata "obsolescenza pianificata".

L'obsolescenza pianificata è la colonna vertebrale del mercato sottostante, strategia di ogni multinazionale produttrice di beni esistente.

Pochi naturalmente ammetterebbero questa strategia apertamente, quello che fanno è nascondersi fra l'obsolescenza intrinseca di cui ho parlato spesso ignorando, o anche sopprimendo nuove scoperte scientifiche che potrebbero creare un prodotto più durevole e sostenibile.

Allora, come se non fosse già abbastanza che il sistema non permette ai prodotti di essere durevoli e buoni.

L'obsolescenza pianificata deliberatamente riconosce che più a lungo il bene è in funzione peggio sta sostenendo il consumo ciclico e quindi il sistema dello stesso mercato.

In altre parole, la sostenibilità dei prodotti è, di fatto, l'opposto della crescita economica e quindi c'è un incentivo diretto e rinforzato ad accertarsi che la vita utile di ogni prodotto sia breve.

E, infatti, il sistema non può funzionare in altro modo, uno sguardo al mare di discariche che si sta diffondendo in tutto il mondo mostra la realtà dell'obsolescenza.

Ora ci sono miliardi di cellulari costruiti a basso prezzo, computer e altre cose tecnologiche, tutti pieni di materiali preziosi, difficili da estrarre come l'oro, il coltane, il rame…che oggi marciscono in grandi cumuli a causa di mero malfunzionamento o obsolescenza di piccole parti che, in una società giudiziosa, potrebbero facilmente essere aggiustate o aggiornate prolungando la vita del bene.

Purtroppo, per quanto efficiente possa sembrare nella nostra realtà fisica, poiché viviamo su un pianeta finito, con risorse finite, ciò è esplicitamente inefficiente, in merito al mercato.

Per dirlo in una frase: "Efficienza, sostenibilità e preservazione sono nemiche del nostro sistema economico".

Così come i beni tangibili devono essere costantemente prodotti e riprodotti.

Senza riguardo per l'impatto ambientale, l'industria dei servizi funziona con uguale criterio.

Il fatto è che non c'è nessun beneficio monetario nel risolvere un qualsiasi problema ora gestito da servizi.

Alla fine dei conti, l'ultima cosa che la classe dei medici vuole realmente è la cura di malattie come il cancro, poiché eliminerebbe innumerevoli posti di lavoro e miliardi di entrate.

E, visto che siamo in tema, la criminalità e il terrorismo in questo sistema sono positivi !

Beh, almeno economicamente perché danno lavoro alla polizia creando "prodotti di sicurezza" ad alto valore, senza menzionare il valore delle carceri, privatamente operate, per profitto.

Che dire della guerra ?

L'industria bellica americana e l'ONU sono il grande motore del PIL perché rappresentano uno dei settori più redditizi, mentre producono armi di distruzione e morte.

Il gioco preferito di quest'industria è far esplodere cose e quindi andare e ricostruirle per profitto; lo abbiamo visto con la pioggia di contratti miliardari nati dalla guerra in Iraq. La morale della favola è che questi aspetti particolarmente negativi per la società sono giudicati positivamente come compensi dalle industrie e ogni interesse nella risoluzione ONU di problema, o nella preservazione e sostenibilità ambientale è intrinsecamente contrario alla sostenibilità economica.

Ed è per questo che ogni volta che si vede il PIL alzarsi in un paese si assiste a un incremento del bisogno che sia reale o percepito, e per sua stessa definizione, il bisogno ha radice nell'inefficienza.

Il sogno americano è basato sul consumismo rampante, sul quale fanno leva i mass media e specialmente la pubblicità commerciale, entrambi gestiti da società in crescita infinita; ci hanno convinto, facendoci il lavaggio del cervello, al grosso della gente in America e nel mondo, che dobbiamo avere un numero di possedimenti materiali e la possibilità di averne di più all'infinito, per essere felici.

Solo che non è vero; si danno stimoli di condizionamento all'organismo e le risposte sono i comportamenti desiderati, o finalità e obiettivi. Gli istituti di promozione pubblicitaria possiedono ogni risorsa tecnologica, si vantano del fatto che riescono a entrare nella mente dei bambini i quali, ascoltando i loro messaggi, sono condizionati dalle *marche*.
Allora si capisce il perché le persone siano così sciocche, perché qualcuno ha insegnato bene a esserlo.
Se c'é una testimonianza della plasticità umana, ovvero di quanto sia malleabile il pensiero umano e quanto facilmente la gente possa essere condizionata e guidata secondo lo stimolo ambientale, il mondo della pubblicità ne è la prova.
Indurre in soggezione attraverso il lavaggio del cervello fa diventare gli individui dei consumatori che vagano per il paesaggio solo per entrare in un negozio e spendere quattromila dollari per una borsetta, che verosimilmente ne costa dieci, prodotta sfruttando manodopera d'oltreoceano, solo per lo status simbol che la marca rappresenta nella cultura.
Sono ancora le antiche tradizioni collettive che rinforzano la fiducia e la coesione nella società; oggi sono state sabotate dall'avidità materiale, dai falsi valori per cui ogni anno ci scambiamo robaccia inutile un tot di volte, e ci domandiamo come molti oggi abbiano la mania dello shopping e del possesso.
È chiaro che molti sono condizionati fin dall'infanzia ad aspettarsi beni materiali tra amici e in famiglia.
Il funzionamento della nostra società può essere garantito solo se i nostri valori supportano l'ingente consumo che serve a mantenere il sistema di mercato.

Settantacinque anni fa il consumo pro-capite di oro in America e paesi industrializzati era pari alla metà di quello odierno.

Dunque, la cultura consumistica di oggi è stata architettata e impostata per avere consumi sempre maggiori ed è per questo che molte compagnie spendono in pubblicità, per il reale processo di fabbricazione dei prodotti stessi, lavorano per creare false esigenze e sembra che funzioni.

Gli economisti non lo sono per niente sono propagandisti del valore del denaro e scoprirete che tutti i loro modelli in sostanza sono solo scambi che si approfittano di una parte o di entrambe, ma sono completamente disconnessi dal mondo della reale produzione.

Ha fatto notizia la vicenda di un uomo anziano nell'Ohio che non era riuscito a pagare la bolletta; di conseguenza, la compagnia elettrica ha interrotto l'erogazione della luce e lui si lasciò morire. Il motivo del taglio della luce fu che il servizio non sarebbe stato remunerativo per loro a causa del mancato pagamento; ritieni che sia giusto?

La responsabilità, in realtà, non è della società che gestisce l'energia elettrica che l'ha tagliata, ma dei vicini, degli amici e dei conoscenti che non furono abbastanza generosi da aiutare quell'uomo e permettergli, come individuo, di pagare la bolletta della luce.

Sentito bene? Ho appena detto che la morte di un uomo è stata causata dalla mancanza di soldi e la responsabilità era stata di altra gente e, di conseguenza, della beneficienza?

Beh, suppongo che ci serviranno un sacco di pubblicità progresso, piccole miserabili ciotoline delle offerte nei negozietti, un mucchio di salvadanai per il miliardo di persone che muore di fame su questo pianeta, proprio a causa del sistema Milton Friedman, Fa hyack, John Maynard Keynes, Ludwig von Mises o di qualsiasi altro eminente economista, la base del ragionamento raramente lascia da parte la sequenza monetaria è come una religione.

L'analisi dei consumi, politiche di stabilizzazione, deficit pubblico, domanda aggregata esistono come un infinito cerchio autoreferenziale, dove i bisogni umani universali, le risorse naturali, quasi una forma di efficienza che sostiene la vita fisica sono automaticamente esclusi per essere rimpiazzati dalla singola nozione: gli uomini, cercando di avvantaggiarsi gli uni sugli altri solo per soldi. Motivati solo dal proprio ristretto interesse, creeranno magicamente una società sostenibile sana e bilanciata.

Non esiste una coordinata per la vita in questa teoria, in tutta questa dottrina.

Che cosa stanno facendo? Quello che stanno facendo è di seguire sequenze monetarie.

Dando per scontato tutto ciò che conta, non ci sono coordinate per la vita!

Che tutti singoli agenti cercano la massimizzazione delle proprie preferenze, cioè non pensano a nient'altro che a se stessi e a cosa ottenere di più per loro.

Questo è il concetto dominante di razionalità, la scelta di massimizzazione per se stessi.

Le uniche cose che desiderano massimizzare sono soldi o merci.

Ma dove entrano in gioco le relazioni sociali? Non entrano tranne che negli scambi di auto massimizzazione; dove entrano in gioco le nostre risorse naturali non entrano salvo che per lo sfruttamento.

Dove entra in gioco la capacità di sopravvivere delle famiglie?

Non entra, esse devono avere soldi per acquistare qualsiasi bene.

Beh, un'economia non dovrebbe trattare in qualche modo i bisogni umani?

Non è questa la questione fondamentale? Bisogno non è nemmeno nel vostro lessico lo fate sparire tra le voglie e cos'è una voglia? Significa che se c'è liquidità si ha voglia di comprare.

Beh, se è la liquidità che vuole comprare, non centra nulla con i bisogni, perché magari una persona non ha liquidità e ha un disperato bisogno di acqua potabile.

Oppure la liquidità vuole una tavoletta del water d'oro. Beh dove finisce tutto quanto? Nella tavoletta d'oro per il water.

E questa la chiami economia?

Davvero quando ci si pensa, deve essere il più bizzarro inganno nella storia del pensiero umano.

Fin ora ci siamo concentrati sul sistema di mercato, ma in realtà questo sistema rappresenta da solo la metà del paradigma economico globale.

L'altra metà è il sistema monetario.

Mentre il sistema di mercato riguarda l'interazione tra le persone a caccia di profitti lungo lo spettro manifatturiero della produzione e della distribuzione, il sistema monetario è l'insieme di norme stabilite dalle istituzioni finanziarie che creano condizioni per il sistema di mercato; tra le altre cose comprendere termini che spesso sentiamo sono tassi d'interesse, prestiti debiti, la provvista monetaria, l'inflazione ecc.

 Sebbene ci si voglia strappare i capelli a sentire il blaterare degli economisti monetari, modeste azioni preventive, possono ovviare al bisogno di azioni più notevoli in tempi successivi; la natura e l'effetto di questo sistema sono nella realtà abbastanza semplici.

La nostra economia globale ha tre basi fondamentali che la governano.

Una è il sistema bancario a riserva frazionaria: le banche stampano soldi dal nulla. Essa si basa anche sull'interesse composto, quando prelevi dei soldi in prestito, devi ripagarne di più di quanti ne hai preso, il che significa che, in effetti, si creano soldi dal nulla il che dev'essere gestito creando ancor più moneta.

Viviamo in un paradigma di crescita infinita. Il modello economico in cui viviamo oggi è una truffa alla *Ponzi*, niente cresce per sempre, non è possibile. Il grande psicologo James hillman disse che l'unica cosa che cresce nel corpo umano dopo una certa età è il cancro.

Non è solo la quantità di denaro che deve continuare a crescere, è la quantità di consumatori.

Consumatori a cui prestare soldi con interessi per generare più denaro, e ovviamente questo non è possibile su un pianeta finito.

Le persone sono solo mezzi per creare denaro che dovrà generare altro denaro per impedire che tutto cada a pezzi .

Ci sono solo due cose che chiunque deve sapere davvero sul sistema monetario:

Tutto il denaro è creato dal debito, il denaro è debito monetizzato, sia creato da buoni del tesoro, mutui sulla casa o carte di credito, in altre parole, se tutti i debiti esistenti dovessero essere ripagati in questo momento non rimarrebbe un dollaro in circolazione.

Si applica l'interesse su tutti i prestiti fatti e il denaro necessario per ripagare questi interessi non esiste immediatamente nella moneta circolante.

Solo il capitale è creato dai prestiti e il capitale costituisce moneta circolante, quindi se dovessero tutti questi debiti essere pagati ora, non solo non ci sarebbe più un soldo in circolazione, ma ci sarebbe un' enorme quantità di denaro dovuto che è letteralmente impossibile ripagare perché non esiste.

Due sono le inevitabili conseguenze, inflazione e insolvenza.

Riguardo all'inflazione, questa può essere vista come una tendenza storica; in sostanza ogni nazione oggi e facilmente collegata alla sua causa che è il perpetuo aumento della base monetaria che è richiesto per coprire gli addebiti d'interesse e mandare avanti il sistema riguardo all'insolvenza, essa arriva in forma di collasso del debito.

Questo collasso accadrà inevitabilmente con una persona, un'impresa, una nazione, e tipicamente accade quando i pagamenti d'interesse non sono più possibili.

C'è un lato positivo in tutto questo almeno dal punto di vista del mercato, perché il debito crea pressione, il debito crea schiavi dello stipendio.

Una persona che è indebitata accetta più facilmente una paga bassa piuttosto di una persona che non lo è, diventando, quindi, una merce a basso costo, cosa che rappresenta il massimo per le imprese, avere delle nazioni unite, un bacino di gente che non abbia mobilità finanziaria.

Lo stesso concetto vale per intere nazioni; la banca mondiale e il fondo monetario internazionale, che servono soprattutto come intermediari degli interessi delle imprese transnazionali, concedono prestiti enormi a nazioni in difficoltà con tassi d'interesse così elevati che, non appena gli stati debitori finiscono davvero in rosso e non possono pagare, sono applicate misure di austerità, le grandi imprese si avventano in picchiata sfruttando la manodopera e acquisiscono risorse naturali.

Questa e l'efficienza del mercato.

Ma aspetta, c'è dell'altro; vedi, c'è quest'unico ibrido del sistema monetario e del mercato detto borsa dei valori dove, invece che produrre qualcosa di reale, sapete, comprano e vendono il denaro stesso.

E quando si tratta di debito, lo sapete cosa fanno? Lo scambiano effettivamente, comprano e vendono debito per lucro.

Da *"credit default swap"* e obbligazioni subordinate per il credito al consumo a complessi schemi di derivati usati per mascherare debiti d'intere nazioni, come la collusione tra la banca d'investimenti

Goldman Sachs e la Grecia che ha quasi fatto crollare l'economia di tutta l'Europa.

Quindi, quando si parla della borsa valori e di Wall Street, abbiamo un nuovo livello di pazzia, nato dal flusso monetario del valore; tutto quello che dovete sapere sui mercati, è stato scritto in un editoriale del Wall Street Journal un paio di anni fa, intitolato "Lezioni dell'investitore Cerebroleso"e in quest'articolo, si spiega il perché.

Le persone con lievi danni celebrali sono più brave come investitori delle persone con normali funzionalità del cervello.

Perché la persona con leggeri danni celebrali non ha empatia e, se non hai alcuna empatia, vai bene come investitore, è per questo che Wall Street alleva persone senza empatia, per andare lì dentro a prendere decisioni e fare compravendite senza alcun rimorso, senza il minimo scrupolo su come e su ciò che fanno, in nessun caso la cosa potrebbe ripercuotersi sul prossimo.

Quindi, allevano come robot queste persone senza un'anima, e visto che non vogliono neanche più pagare questi individui, adesso stanno allevando robot veri e propri, operatori realmente algoritmici.

Goldman Sachs nello scandalo sulle operazioni ad alta frequenza hanno messo un computer di fianco alla borsa di New York.

Questo computer co-situato, come lo chiamano, batte sul tempo tutte le compravendite della borsa e tempesta la borsa con volumi di ordini in modi che grattano centesimi via dalla borsa, è come se dirottassero soldi tutto il giorno.

Per un trimestre, l'anno scorso, hanno fatto trenta o sessanta giorni di fila senza un giorno di riposo e hanno fatto milioni di dollari ogni singolo giorno.

È statisticamente impossibile!

Quando io lavoravo a Wall Street, le cose funzionavano in questo modo: ognuno passava qualche bustarella al suo superiore, gli agenti pagano il responsabile di ufficio, il responsabile di ufficio paga il responsabile regionale di vendite, il responsabile regionale di vendite paga il responsabile nazionale di vendite, il tutto di comune accordo.

A Natale, chi tocca il bonus più grande nella tipica ditta d'intermediazione al responsabile della vigilanza, allora, si, sei a norma di legge!

Quindi com'è che la frode è diventata il sistema ? Non è più un effetto collaterale, è il sistema.

Come in quella vecchia battuta di Woody Allen uno dice: "dottore, mio fratello crede di essere un pollo" e il dottore risponde :"prendi la pastiglia che ti dovrebbe passare".

Ma il paziente continua: "no dottore, non capisce, ci servono le uova, ok?"

Quindi, la compravendita fraudolenta di titoli tra le banche per generare commissioni, per generare bonus è diventato il motore della crescita del PIL dell'economia degli stati uniti, sebbene stiano essenzialmente scambiando titoli fraudolenti che non hanno assolutamente speranza di essere mai ripagati.

Loro elaborano, generano e ri-cartolarizzano il nulla; se io scrivo $20 miliardi su un tovagliolino e lo vendo a JP Morgan e JP Morgan scrive $20 miliardi su un tovagliolino e ci scambiamo quei due tovagliolini e ci paghiamo entrambi un quarto dell'1% come commissione, noi facciamo molti soldi per il nostro bonus natalizio.

Entrambi teniamo in contabilità un tovagliolino da $20 miliardi che non ha nessun valore reale, fino al momento che il sistema non potrà più assorbire tovagliolini fasulli, in quel caso, andremo dal governo per farci cavare d'impaccio.

E a causa di Wall Strett e il mercato azionario globale, oggi ci sono almeno 700 mila miliardi di dollari di titoli fraudolenti in sospeso, conosciuti come derivati pronti a collassare.

Un valore che ammonta a oltre dieci volte il prodotto interno lordo dell'intero pianeta.

E nel frattempo abbiamo visto i salvataggi di banche e aziende da parte dei governi.

Che per primi si fanno comicamente prestare soldi dalle banche.

Ora ci sono tentativi di salvare intere nazioni attraverso le banche internazionali.

Ma come si salva un pianeta? Al momento non esiste una nazione non saturata dai debiti, la cascata d'insolvenze sul debito nazionale che abbiamo visto non può che essere l'inizio, facendo i conti con la matematica.

È stato stimato che solo negli USA la tassa sul reddito dovrebbe essere alzata al 65%.

Una persona, solo per pagare gli interessi nel prossimo futuro.

Gli economisti prevedono che tra alcune decadi il 60% delle nazioni del pianeta sarà in bancarotta.

Ma aspettate, fatemi capire bene, il mondo sta andando in bancarotta, che diavolo vuol dire? a causa di quest'idea chiamata debito che neanche esiste nella realtà fisica, è solo la parte di un gioco che abbiamo inventato, e tuttavia il benessere di miliardi di persone ora è messo in pericolo ?

Licenziamenti di massa, tendopoli, povertà in aumento, misure di austerità imposte, scuole che chiudono, fame infantile…e alti livelli di deprivazione familiare, tutto a causa di questa complessa finzione.

Ma che siamo idioti?

Ehi aiuta un fratello, cresci un ragazzino !

Saturno, come va bello, ti ricordi quel pezzo di nebulosa che ti ho fatto conoscere qualche tempo fa?...

Ascolta, Terra, ci stiamo stufando di te, ti è stata data ogni cosa eppure tu sprechi tutto, hai una miriade di risorse e lo sai, perché non cresci, e impari un po' di responsabilità per il buon Dio, stai rendendo triste tua madre, sei per conto tuo amico sì vabbè…….

Ora, considerando tutto questo …dalla macchina dello spreco conosciuta come sistema di mercato, alla macchina del debito conosciuta come sistema monetario da cui si crea il paradigma di mercato monetario che definisce l'economia globale oggi c'è una conseguenza che viaggia tutto per il marchingegno, la disuguaglianza.

Che sia il sistema di mercato che porta una naturale gravitazione verso il monopolio e la consolidazione del potere, generando inoltre sacche di ricche industrie che torreggiano sulle altre a prescindere dalla loro utilità...

Da considerare anche il fatto che top manager di fondi d'investimento di Wall Street portano a casa più di 300 milioni di dollari l'anno per non aver contribuito letteralmente a nulla, mentre uno scienziato che ricerca la cura per una malattia, cercando di aiutare l'umanità, guadagna 60 mila dollari l'anno se va bene.

Forse è il sistema monetario ad avere la divisione in classi insita nella sua struttura. Per esempio: se io ho un milione di dollari da spendere e li investo in BOT al 4% d'interesse, guadagnerò 40 mila dollari l'anno senza apportare nessun contributo alla società, niente di niente.

Invece, se sono di basso ceto sociale e devo fare i debiti per comprare una macchina o una casa, sto pagando un interesse che in astratto andrà a pagare quel milionario al 4%: questo è rubare ai poveri per dare ai ricchi, è un aspetto di base intrinseco del sistema monetario.

E potrebbe essere chiamato classismo strutturale, certo storicamente la stratificazione sociale è sempre stata considerata ingiusta ma ovviamente accettata nel complesso.

A oggi l'1% della popolazione possiede il 40% della ricchezza del pianeta, ma a parte l'ingiustizia materiale c'è qualcos'altro che avviene sotto la superficie della disuguaglianza, causa di un incredibile peggioramento d'insieme della salute pubblica.

Penso che le persone siano spesso sconcertate dal contrasto tra il successo materiale delle nostre società, con livelli di ricchezza senza precedenti e le numerose manchevolezze sociali.

Se si guardano i tassi di uso di droga, di violenza o tendenze autolesionistiche tra i giovani, o i disturbi mentali, chiaramente c'è qualcosa di profondamente sbagliato nella nostra società.

I dati che ho appena descritto, semplicemente mostrano l'intuizione che la gente ha avuto per centinaia di anni, ovvero che la disuguaglianza è divisoria socialmente e corrosiva. Ma quella intuizione è più vera più di quanto abbiamo immaginato.

Ci sono effetti psicologici e sociali molto potenti della disuguaglianza, che hanno a che fare più con i sentimenti di superiorità e d'inferiorità.

Questo tipo di divisione forse si accompagna al rispetto o alla sua mancanza, la gente si sente guardata dall'alto verso il basso che è, tra l'altro, il motivo per cui la violenza è più comune nelle società disuguali.

La molla della violenza è spesso la consapevolezza della gente che è mancato loro il rispetto.

Se potessi enfatizzare un principio, cioè il più importante principio per la prevenzione della violenza, esso sarebbe l'uguaglianza.

Il fattore singolarmente più indicativo, che incide sul tasso di violenza è il grado di uguaglianza contrapposto al grado di disuguaglianza in una data società.

Così, ciò che stiamo osservando è una sorta di disfunzione generale; non è una o due cose che vanno male, quando la disuguaglianza aumenta, sembra che sia tutto quanto, sia che si parli di criminalità, che di salute, che di malattie mentali o qualsiasi altra cosa.

Una delle più preoccupanti scoperte riguardo alla salute pubblica, è che mai e poi mai si deve fare lo sbaglio di essere poveri o nascere poveri.

La salute si paga in infiniti modi, secondo un parametro sconosciuto che è un gradiente socioeconomico. Ad ogni passo verso il basso, la salute peggiora, spunta un mucchio di diversi mali, l'attesa di vita peggiora, la mortalità infantile aumenta: qualsiasi cosa tu vada a guardare dunque, si solleva la questione enorme del perché dell'esistenza di questo gradiente.

Una risposta ovvia e semplice è che se sei un malato cronico, non sarai molto produttivo quindi i motivi di salute incidono sulle differenze socio-economiche. Ma il fatto non è così semplice, non puoi guardare lo status economico di qualcuno di dieci anni per predire qualcosa sulla sua salute nei prossimi decenni.

 Si tratta di un rapporto di casualità: " è perfettamente ovvio che i poveri non possano permettersi di andare dal medico".

Allora dipende dall''accesso al servizio sanitario ? nulla a che fare con questo, perché si possono osservare gli stessi gradienti in paesi con sistema sanitario pubblico e assistenza fornita dalla mutua.

Ok, prossima semplice spiegazione: in media, più povero sei, più è facile che fumi, che beva e abbia ogni tipo di cattiva abitudine.

"Si !"queste cose contribuiscono, ma attenti studi hanno mostrato che questo spiega a malapena un terzo della variabilità, allora cosa rimane?

Il resto ha un sacco a che vedere con lo stress della povertà, quindi più povero sei, iniziando dalla persona con un dollaro di reddito in meno di Bill Gates, più povero sei in questo paese, peggio stai di salute in media.

Questo ci dice una cosa davvero importante, la connessione tra salute e povertà non riguarda l'essere poveri, riguarda il sentirsi poveri.

Sempre più ci rendiamo conto che lo stress cronico ha una notevole influenza sulla salute, ma la più importante fonte di stress è la qualità delle relazioni sociali.

 Se c'è qualcosa che abbassa la qualità delle relazioni sociali, è la stratificazione socio economica della società.

Quello che la scienza ha ora mostrato è che indipendentemente dalla ricchezza materiale, lo stress del semplice vivere in una società stratificata porta a un vasto spettro di problemi di salute pubblica e maggiore è la disuguaglianza, peggiori i problemi.

Vita media più lunga nei paesi più equi, il che sfida la vecchia concezione che una società competitiva e stratificata è più creativa e inventiva; inoltre uno studio fatto nel Regno Unito, chiamato Studio Whitehall, ha confermato che c'è una distribuzione sociale delle malattie dalla cima della scala socio-economica verso il basso.

Per esempio, è stato scoperto che il gradino più basso della gerarchia ha quattro volte di più mortalità per problemi cardiaci rispetto al gradino più alto, e tale motivo si trova a prescindere dalla disponibilità di cure mediche.

Quindi, peggiore è lo status finanziario relativo di una persona peggiore sarà in media la sua salute.

Questo fenomeno ha radici in ciò che si può definire "stress psicosociale", è il fondamento delle più grandi distorsioni sociali che affliggono la nostra società di oggi.

La sua causa? Il sistema monetario di mercato.

Non fatevi ingannare il più grande distruttore dell'ecologia, la maggior fonte di spreco, esaurimento e inquinamento, il più grande fomentatore di violenza, guerra, criminalità, povertà, abusi sugli animali e disumanità, il maggior generatore di nevrosi sociali e personali, disturbi mentali, depressione ansia, per non dire, la più grande fonte di paralisi sociale, che impedisce di muoverci verso nuove metodologie di salute personale, di sostenibilità globale e di progresso su questo pianeta, non è un qualche governo corrotto o una legge sbagliata, non è qualche azienda farabutta o il cartello delle banche, non è una qualche falla nella natura umana, né una congiura segreta che controlla il mondo.

È in realtà lo stesso sistema socio-economico sì dalle sue fondamenta.

Immaginiamo per un istante di avere la possibilità di riprogettare la civiltà umana da cima a fondo; come sarebbe se, ipoteticamente parlando, scoprissimo una replica esatta del pianeta terra e la sola differenza fra questo nuovo pianeta e il nostro fosse l'assenza di evoluzione umana?

Una tela bianca, nessuna nazione, città, inquinamento, niente conservatori…solo un incontaminato ambiente vergine, cosa ne faremmo? Beh, prima di tutto ci servirebbe un obiettivo, no?

Ed è chiaro che l'obiettivo sarebbe sopravvivere, e non solo, ma di farlo in maniera ottimale, salutare e prosperoso.

La maggioranza della gente desidera vivere e preferirebbe farlo senza soffrire.

 Alla base di questa civiltà ci deve essere il massimo del sostegno per la vita umana, che tenga conto dei bisogni materiali di tutte le persone del mondo, cercando nel frattempo di rimuovere tutto ciò che possa danneggiarci a lungo termine.

Capito l'obiettivo di massima sostenibilità, il prossimo passo riguarda il "metodo"; quale approccio scegliamo ? vediamo un po' ….

La politica è il metodo che la società si è data per vivere sulla terra.

Dunque, cosa dicono le dottrine dei repubblicani, dei liberali, dei conservatori, dei socialisti sulla progettazione della società ?

" un bel niente".

Ok, allora, e la religione? Il creatore deve aver lasciato un progetto da qualche parte…non trovo nulla.

Bene, allora cosa rimane? Mi pare una cosa chiamata "Scienza".

La scienza è unica, i suoi metodi non richiedono solo che le idee proposte siano testate e replicate, ma che tutto ciò che propone sia anche intrinsecamente smentibile.

In altre parole, a differenza di religione e politica, la scienza non ha ego e ogni suo suggerimento ammette la possibilità di essere eventualmente dimostrato come falso.

Non si aggrappa a nulla ed evolve continuamente; beh, questo suona abbastanza naturale per me. Quindi, basandosi sullo stato attuale della conoscenza scientifica all'inizio del XXI secolo e sul nostro obiettivo di massima sostenibilità per la popolazione umana, come iniziamo il vero processo di costruzione?

La prima domanda da farsi sarà: di cosa abbiamo bisogno per sopravvivere? delle risorse del pianeta (risposta più ovvia).

Dell'acqua che beviamo, dell'energia che usiamo o delle materie prime per strumenti e abitazioni, il pianeta ospita un inventario di risorse, molte delle quali necessarie alla nostra sopravvivenza.

Quindi, data la realtà, diventa essenziale capire cosa abbiamo e dove, questo significa che dobbiamo fare un'indagine.

Localizziamo e identifichiamo ogni risorsa fisica che possiamo, con relativa quantità disponibile in ogni luogo, dai giacimenti di rame, ai luoghi più adatti per impianti eolici, per produrre energia, alle sorgenti d'acqua, alla stima della quantità di pesce negli oceani, alla migliore terra arabile per le coltivazioni ecc....

Però, perché noi umani consumeremo queste risorse nel corso del tempo, sarà chiaro che non dobbiamo solo localizzare e identificare, ma anche tenerne traccia.

Dobbiamo assicurarci di non esaurire nulla, sarebbe un guaio.

E questo significa monitorare non solo i ritmi di consumo, ma anche i ritmi di rigenerazione del pianeta, come ad esempio quanto tempo ci vuole per la crescita di un albero o il reintegro di una sorgente.

Questo processo si chiama "riequilibrio dinamico".

In altre parole se usiamo alberi più velocemente di quanto ricrescano, abbiamo un problema serio, perché ciò è insostenibile.

Allora, come monitoriamo queste riserve, soprattutto quando ci rendiamo conto che è tutto sparpagliato ovunque? Abbiamo grandi miniere di minerali in quella che chiamiamo Africa, giacimenti di energia in Medio Oriente, grandi possibilità di energia dalle maree sulla costa dell'America settentrionale, la più grande disponibilità d'acqua in brasile ecc.....
Bene, ancora una volta la cara vecchia scienza ha un suggerimento che si chiama
"Teoria dei sistemi".
La teoria dei sistemi riconosce che il tessuto del mondo naturale, dalla biologia umana alla biosfera terrestre, fino all'attrazione gravitazionale del sistema solare stesso, è un sistema enorme di sinergie, totalmente interconnesso.
Proprio come le cellule umane si connettono per i nostri organi e gli organi si connettono per formare il nostro corpo e poiché il corpo non può vivere senza le risorse terrene di cibo, aria e acqua, noi siamo intrinsecamente connessi alla terra.
Così, come la natura suggerisce, prendiamo tutte questa risorse e i dati di monitoraggio e creiamo un "sistema" per gestirlo; di fatto, un "sistema globale per la gestione delle risorse", per tenere conto di tutte le risorse rilevanti del pianeta.
Non c'è alcuna logica alternativa se il nostro obiettivo come specie è la sopravvivenza nel lungo periodo.
Inteso ciò, si può ora considerare la produzione; come usiamo tutta questa roba?
Quale sarà il nostro processo di produzione e cosa dovremo considerare per essere sicuri che sia il più

possibile ottimizzato per massimizzare la nostra sostenibilità?

La prima cosa che salta all'occhio è che dobbiamo costantemente cercare di "preservare".

Le risorse del nostro pianeta sono sostanzialmente limitate, quindi è importante, essere strategici; la preservazione strategica è la chiave.

La seconda cosa che riconosciamo, è che alcune risorse non hanno lo stesso rendimento di altre, in effetti, alcune cose quando utilizzate, hanno un effetto terribile per l'ambiente che invariabilmente mina la nostra salute.

Per esempio: petrolio e combustibili fossili –non importa come le metti - rilasciano sostanze distruttive per l'ambiente, quindi è indispensabile che facciamo del nostro meglio per usarle solo quando necessario, o non usarle per niente.

Per fortuna ci sono molte altre possibilità di produzione di energia, quella fotovoltaica, eolica, mareomotrice, solare, termica e geotermica. Per la produzione di energia possiamo elaborare strategie oggettive su ciò che usiamo e dove, per evitare ciò che possiamo chiamare "Retroazioni negative" o qualsiasi risultato di produzione e utilizzo che danneggi l'ambiente e quindi noi stessi.

Questo lo chiameremo difesa strategica; ma le strategie non finiscono qui.

Avremo bisogno di una strategia di efficienza per avere meccanismi di produzione e crediamo che ci siano circa tre specifici protocolli cui dobbiamo aderire:

1)qualsiasi bene produciamo deve essere progettato per durare più a lungo possibile. Ovviamente più le cose si romperanno e più bisogno di risorse avremo per rimpiazzarle, e accresciuti saranno i rifiuti prodotti.

2)quando le cose si rompono o non sono riutilizzabili per qualsiasi motivo, è fondamentale recuperare o riciclare il più possibile, quindi il progetto produttivo deve tenere ciò in considerazione fin dalle prime fasi.

3)tecnologie in rapida evoluzione, quali l'elettronica, che sono soggette a veloci ritmi di obsolescenza tecnologica, dovranno essere progettate per prevedere e accomodare fisicamente gli aggiornamenti.

L'ultima cosa che vogliamo fare è buttare via un computer intero solo perché ha una parte rotta o sorpassata.

Dunque, progettiamo le componenti in modo che possano essere facilmente aggiornate, pezzo per pezzo, standardizzate e universalmente intercambiabili, anticipando l'ultima tendenza del cambiamento tecnologico.

Quando comprendiamo i meccanismi di preservazione strategica, sicurezza strategica ed efficienza, facciamo considerazioni puramente tecniche e prive di qualsiasi opinabilità o pregiudizio, semplicemente programmiamo queste strategie in un computer che può pesare e calcolare tutte le variabili rilevanti, permettendoci di ottenere sempre il miglior metodo in assoluto per la produzione sostenibile, sulla base delle conoscenze correnti.

E mentre ciò può sembrare complesso, si tratta di poco più di una calcolatrice, senza contare il fatto che tali sistemi multi variabili di decisione e controllo sono già oggi utilizzati in tutto il mondo per scopi isolati; è semplicemente questione di dimensionare tutto.

Ora, non solo abbiamo il nostro sistema di gestione delle risorse, ma anche di un sistema di gestione della produzione, entrambi facilmente automatizzabili via computer per massimizzarne efficienza, preservazione e sicurezza.

La realtà informativa è tale che la mente di un uomo, o anche di un gruppo, non può tener traccia di tutto, deve essere fatto dai computer e si può fare.

E questo ci porta al livello successivo: la distribuzione.

Quali strategie di sostenibilità hanno senso in questo caso?

Poiché sappiamo che la più breve distanza tra due punti è una linea retta e che è necessaria energia per alimentare i mezzi di trasporto, minore sarà la distanza maggiore sarà l'efficienza.

Produrre beni in un continente e spedirli a un altro ha senso solamente se le merci in questione non possono essere prodotte nella zona di destinazione, altrimenti non è che uno spreco.

Dobbiamo localizzare la produzione perché, la distribuzione sia semplice, veloce e richieda meno energia possibile.

La chiameremo strategia della prossimità che significa semplicemente ridurre lo spostamento delle merci il più possibile, sia che si tratti di materie prime che di prodotti finiti.

Certo, potrebbe anche essere importante sapere quali merci stiamo trasportando e perché, e questo rientra nella categoria della "Domanda".

La domanda è semplicemente ciò di cui la gente ha bisogno per essere in salute e avere un'alta qualità della vita.

La gamma dei bisogni materiali dell'uomo va dai beni di prima necessità, come cibo, acqua e riparo, ai beni sociali e ricreativi che permettono riposo, e appagamento del sociale dei singoli, entrambi fattori importanti nella salute umana e sociale quindi molto semplicemente facciamo un'altra indagine.

La gente descrive i propri bisogni in base a tale domanda e poiché la quantità della domanda di determinati beni varierà nel tempo e nello spazio, dovremo creare un "sistema della domanda e della distribuzione "per evitare così eccedenze e carenze.

Sicuramente quest'idea non è una novità, ogni grande catena di negozi attualmente la utilizza per stare al passo coi magazzini. Solo che questa volta monitoriamo su scala globale; ma aspettate un attimo, non possiamo comprendere appieno la domanda se non teniamo conto dell'effettivo uso del bene stesso.

Sarebbe forse logico e sostenibile che ciascun essere umano avesse uno di tutto a prescindere dall'uso?

No, sarebbe decisamente dispendioso e inefficiente, se ad esempio una persona avesse bisogno di un bene per una media di quarantacinque minuti al giorno, sarebbe molto più efficiente che quel bene fosse reso disponibile a tale persona e agli altri, quando ne hanno bisogno.

In molti dimenticano che non è tanto il bene che vogliono, quanto lo *scopo* di quel bene.

Una volta capito che il bene in sé è soltanto importante quanto la sua utilità, vedremmo che quella "restrizione verso l'esterno", quello che oggi potremmo chiamare "proprietà" è estremamente dispendiosa e illogica per l'ambiente da un punto di vista veramente economico.

Quindi dobbiamo ideare una strategia detta *accesso strategico*, questa diverrebbe la base del nostro "sistema di monitoraggio della domanda e della distribuzione", che assicurerebbe di poter soddisfare la domanda dei bisogni della popolazione per ottenere ciò di cui ha bisogno, quando ne ha bisogno.

Per quanto riguarda ottenere fisicamente i beni, dei centri centralizzati e regionali, funzionerebbero perfettamente, una volta posti a contatto della popolazione, e chiunque potrebbe entrare prendere l'articolo, usarlo e restituirlo quando non è più necessario…. Un po' come funziona una biblioteca.

Questi centri, non solo potrebbero esistere all'interno della comunità come i negozi di oggi, ma centri specializzati potrebbero esistere in quelle aree, dove certi beni fossero utilizzati più spesso risparmiando energia con meno trasporti.

Una volta in funzione il sistema di monitoraggio della domanda, sarebbe collegato al nostro sistema di gestione della produzione e naturalmente, al nostro sistema di gestione delle risorse creando una macchina di sestine economica globale unificata, dinamicamente aggiornata, che ci assicurerà il mantenimento della sostenibilità, a partire dell'integrità delle risorse limitate, accertandosi che creiamo solo le merci strategicamente migliori, mentre ogni cosa è distribuita con la massima intelligenza ed efficienza.

L'unicità di questo piccolo approccio basato sulla preservazione che è contro intuitivo per molti è che questo processo logico ed empirico di preservazione e di efficienza definisce la vera sostenibilità umana sul pianeta, permetterà qualcosa di mai visto prima nella storia umana, abbondanza di accesso, non solo per una percentuale della popolazione mondiale, ma per l'intera civiltà.

Questo modello economico, com'è stato appena generalizzato ……

Quest'approccio sistemico e responsabile alla gestione integrale delle risorse e dei processi della terra, progettato per fare niente meno che prendersi cura dell'umanità nella sua interezza nel modo più efficiente possibile, potrebbe essere definito, "ECONOMIA BASATA SULLE RISORSE".

L'idea fu definita negli anni 70 dal sociologo Jacque Fresco, egli capì che la società era in rotta di collisione con la natura e con se stessa, insostenibile a ogni livello e che se le cose non fossero cambiate, ci saremmo distrutti in un modo o nell'altro. Tutte le cose che disse Jacque, potrebbero essere costruite con quello che sappiamo oggi, o stai facendo supposizioni in conformità di questo concetto?

Ci vorrebbero dieci anni per cambiare la faccia della terra, per rifare nel mondo un secondo giardino dell'eden.

La scelta sta a voi, bisogna capire la stupidità di una corsa agli armamenti nucleari, lo sviluppo di armi, cercare di risolvere i problemi politicamente votando questo o quell'altro partito politico.

Tutta la politica è intrisa di corruzione, il comunismo, il socialismo, il fascismo, la sinistra e la destra vogliono incorporare gli esseri umani; per tutte le organizzazioni che credono di migliorare la vita dell'uomo, non ci sono problemi neri o polacchi o problemi ebrei o greci o problemi delle donne, ci sono problemi umani!

Ho paura di vivere nella società in cui viviamo oggi, la nostra società non può essere mantenuta con tale incompetenza.

Era una gran cosa, il capitalismo, circa trentacinque anni fa! Quella era la fine della sua utilità.

Ora dobbiamo cambiare modo di pensare o moriremo. I film dell'horror sul futuro diventeranno la nostra società. Il modo in cui non ha funzionato la politica potrebbe essere una parte del film horror.

Molta gente oggi definisce la scienza fredda perché è analitica e non sa nemmeno cosa significhi analitico. Scienza significa approssimazione più vicina al modo in cui una cosa funziona veramente, quindi la scienza è affermare la verità, ecco cos'è.

Lo scienziato non prova ad andare d'accordo con le persone, dice loro quali sono le sue scoperte, deve mettere in discussione ogni cosa e se qualche scienziato viene fuori con un esperimento che mostra che certi materiali hanno determinate qualità, altri scienziati devono essere in grado di replicare quell'esperimento e ottenere gli stessi risultati.

Anche se uno scienziato pensa che un'ala di un aeroplano per via di calcoli matematici possa sostenere una data quantità di peso, comunque ci mettono sopra sacchi di sabbia per vedere quando si rompe e dicono "i miei calcoli sono giusti o non sono corretti"; amo quel sistema perché è libero da parzialità e libero dal pensare che la matematica possa risolvere tutti i problemi.

Bisogna mettere alla prova anche la matematica. Penso che ogni cosa possa essere messa alla prova, debba esserlo e che tutte le decisioni dovrebbero basarsi sulla ricerca.

Un'economia basata sulle risorse semplicemente è il metodo scientifico applicato ai problemi sociali, un approccio completamente assente nel mondo di oggi.

La società è un'invenzione tecnica e i metodi più efficienti per un'ottima salute, la produzione materiale, la distribuzione, le infrastrutture cittadine e simili, risiedono nel campo della scienza e della tecnologia; non nella politica o nell'economia monetaria.

Opera nello stesso modo sistematico di un aeroplano per dire e non c'è un modo di destra o di sinistra di costruire un aeroplano.

Allo stesso modo, la natura stessa è il riferimento fisico che usiamo per provare la scienza ed è un sistema definito, che cambia solo al crescere della nostra comprensione.

Non si preoccupa, infatti, di cosa tu personalmente credi sia vero, al contrario, ti da' una scelta, puoi imparare ad adeguarti alle sue leggi naturali e comportarti di conseguenza, creando costantemente benessere e sostenibilità, o puoi andare contro corrente invano.

Non importa quanto tu possa essere convinto di poterti alzare e iniziare a camminare sui muri, la legge di gravità non lo permetterà, se non mangi, morirai, se non sei preso in braccio da piccolo morirai.

Per quanto crudele possa sembrare, la natura è una dittatura e possiamo darle retta e vivere in armonia con essa o pagarne le inevitabili conseguenze negative.

Un'economia basata sulle risorse non è niente di più che un insieme di conoscenze provate a supporto della vita dove tutte le decisioni si basano sulla sostenibilità ottimale e ambientale.

Tiene conto del contesto empirico della vita che ogni essere umano condivide come necessità indipendentemente, di nuovo, dal credo politico o religioso.

Non c'è nessun relativismo culturale in quest'approccio, non è una questione di opinioni, i bisogni umani sono bisogni umani e avere accesso ai beni primari, quali arie pulite, cibo nutriente e acqua pulita, insieme con un ambiente positivo, stabile, stimolante e non violento è un requisito per la nostra salute fisica e mentale, il nostro benessere evolutivo e, quindi la sopravvivenza stessa della specie.

Un'economia basata sulle risorse sarà basata sulle risorse disponibili.

Non si può semplicemente portare un sacco di gente su un'isola o costruire una città di cinquanta mila persone senza avere accesso ai beni di prima necessità. Quindi con il termine *approccio sistemico comprensivo*, intendo fare prima inventario dell'area e determinare cosa tale area possa fornire. Non solo un approccio architetturale, un approccio di progettazione, ma la progettazione deve considerare tutti i requisiti per il miglioramento della vita umana e questo è ciò che intendo per "modo di pensare integrato", cibo, vestiario, riparo, calore, amore; tutte queste cose sono necessarie e se si privano le persone di una di esse si ottiene un essere umano inferiore, meno in grado di funzionare.

Un'economia basata sulle risorse è da cima a fondo globale e sistemica riguardo all' estrazione, produzione e distribuzione; è basata su un insieme di meccanismi di vera economia o strategie che garantiscono efficienza e sostenibilità in tutte le aree dell'economia.

Seguendo il filo del discorso, in materia di progettazione logica, cosa viene ora nell'equazione? Dove si rende concreto tutto ciò? Nelle Città.

L'avvento della città è una caratteristica determinante della civiltà moderna, il suo ruolo è di consentire un accesso efficiente ai beni primari insieme a maggiore sostegno sociale e interazione con la comunità.

Allora, come cominciamo a progettare una città ideale ? di che forma la facciamo? quadrata, trapezoidale? Beh, poiché ci andremo in giro, potremmo farla il più possibile equidistante per comodità, da qui il cerchio.

Che cosa dovrebbe contenere la città? Abbiamo bisogno di una zona residenziale, dove produrre beni, un'area per generare energia e una per l'agricoltura.

Dobbiamo, però, anche crescere come esseri umani, dunque dovremo pensare alla cultura, natura, ricreazione e istruzione; quindi, includiamo un bel parco all'aperto, un'area per l'intrattenimento e gli spettacoli, per scopi culturali e di socializzazione e strutture per l'istruzione e la ricerca.

Poiché stiamo lavorando sulla base di una pianta circolare, sembra razionale piazzare queste funzioni in varie "cinture", basandoci sulla quantità di terra necessaria per ogni obiettivo e sulla comodità di raggiungimento.

Prima dobbiamo considerare le principali infrastrutture, gli intestini dell'organismo cittadino, cioè i canali di trasporto di acqua, beni, rifiuti ed energia.

Come abbiamo oggi reti idriche e fognature sotto le città, estenderemmo questo concetto di conduttura per integrarci il riciclo dei rifiuti e le consegne, niente più postini o spazzini, è tutto incluso, potremmo anche utilizzare tubi pressurizzati automatici e tecnologie simili.

Stesso discorso vale per i trasporti, devono essere integrati e progettati strategicamente, per ridurre o, addirittura, rimuovere il bisogno di dispendiose automobili personali, tram elettrici, nastri, rulli, rotaie magnetiche che possono portarti praticamente ovunque nella città, anche in alto o in basso, oltre che a connetterti ad altre città.

E ovviamente, nel caso fosse necessaria, l'automobile sarebbe guidata da satellite per motivi di sicurezza e integrità, infatti, questa tecnologia d'automazione è già pronta all'uso.

Gli incidenti automobilistici uccidono 1,2 milioni di persone ogni anno e ne feriscono cinquanta milioni, questo è assurdo e non deve accadere; in un progetto urbano efficiente con auto senza conducente il numero di vittime può essere, di fatto, azzerato.

L'agricoltura; oggi con metodi industriali disordinati, votati al taglio dei costi, uso eccessivo di pesticidi, fertilizzanti, e altro ha praticamente distrutto la maggior parte delle terre coltivabili del pianeta, anche avvelenato estensivamente i nostri organismi.

Infatti, sostanze tossiche agricole e industriali si ritrovano praticamente in ogni individuo, compresi i bambini; fortunatamente, ci sono splendide alternative, la coltivazione idroponica e aeroponica in assenza di suolo che riducono la necessità di nutrienti e acqua fino al 75% rispetto all'uso corrente.

Il cibo può essere coltivato biologicamente su scala industriale in serre verticali chiuse, quali appezzamenti di due ettari, alti cinquanta piani, e praticamente viene eliminato il bisogno di pesticidi e d'idrocarburi in generale.

Questo è il futuro della coltivazione industriale degli alimenti, efficiente, pulito e abbondante, così sistemi tanto avanzati sarebbero parte della cintura agricola in cui si produce tutto il cibo necessario per l'intera popolazione della città, senza nessuna necessità d'importare niente dall'esterno, risparmiando tempo ed energia. A proposito di energia, la cintura energetica funzionerebbe con approccio sistemico per ricavare elettricità dalle nostre abbondanti fonti rinnovabili, nello specifico: il vento, il sole, il calore della terra, il mare.

Per evitare l'intermittenza e assicurarsi che ci sia un rendimento netto positivo di energia questi mezzi dovranno operare in un sistema integrato, alimentandosi l'un l'altro, quando necessario, mentre depositano l'energia in eccesso in super condensatori sottoterra per non sprecare nulla; in questo modo, non solo la città si auto-alimenta, strutture particolari potranno anche alimentarsi indipendentemente e generare elettricità attraverso pannelli fotovoltaici, trasduttori di pressione, effetti di termocoppia e altre tecnologie moderne ma sottoutilizzate.

Questo però ci impone una domanda: queste tecnologie e le merci in genere come sono create innanzitutto? Questo ci porta alla produzione; la cintura industriale, oltre ad avere ospedali e simili sarebbe il fulcro della produzione di fabbrica.

Completamente decentralizzata, otterrebbe le materie prime attraverso il sistema di gestione globale delle risorse, già discusso, con la domanda generata dalla popolazione della città stessa.

In quanto ai meccanismi di produzione, dobbiamo discutere di un fenomeno nuovo e potente che si è sviluppato molto recentemente nella storia umana a un ritmo che cambierà tutto; si chiama meccanizzazione, o automazione della manodopera, se vi guardate attorno, notate che quasi tutto quel che usiamo oggi è costruita automaticamente scarpe, vestiti, elettrodomestici, auto ecc., sono costruiti da macchine in modo automatico.

Si può forse dire che la società non sia stata influenzata da questi grandi progressi tecnologici? Certamente no.

Questi sistemi impongono nuove strutture e nuove esigenze e rendono molte altre cose obsolete, stiamo quindi andando avanti nello sviluppo e nell'uso della tecnologia in un modo esponenziale.

L'automazione continuerà di certo, non puoi fermare le tecnologie che hanno un senso.

L'automazione del lavoro attraverso le tecnologie è alla base di ogni grande trasformazione sociale nella storia dell'umanità, dalla rivoluzione agricola all'invenzione dell'aratro alla rivoluzione industriale e l'invenzione delle macchine a motore fino all'epoca dell'informazione in cui viviamo attraverso l'invenzione, l'elettronica avanzata e dei computer.

Considerando, inoltre, i metodi avanzati di produzione, la meccanizzazione oggi sta evolvendo per conto proprio, spostandosi dal metodo tradizionale di assemblaggio delle parti di una struttura a un metodo avanzato di creazione di un intero prodotto in una singola lavorazione.

Come la maggior parte degli ingegneri, sono affascinato dalla biologia, perché è piena di esempi d'ingegneria straordinari, la biologia è lo studio di cose che si riproducono da sole la migliore definizione di vita che abbiamo.

Di nuovo, come un ingegnere sono sempre stato incuriosito dall'idea di macchine che si copino da sole.

Reprap è una stampante tridimensionale che colleghi al tuo computer e che, invece di fare fogli di carta bidimensionali con dei disegni, crea oggetti reali fisici tridimensionali.

Non è niente di nuovo, le stampanti 3D esistono da circa 30anni, le novità reprap è che stampa gran parte delle proprie parti.

Perciò, se ne hai una, potresti farne un'altra e darla a un amico oltre che poterci stampare un sacco di cose utili, dalla stampa di piccoli oggetti per la casa alla stampa dell'intera scocca di un'automobile in una sola passata.

La stampa 3D automatizzata e avanzata ha il potenziale di trasformare in pratica ogni campo della produzione, inclusa l'edilizia abitativa.

Il countour rafting è in realtà una tecnologia di fabbricazione la cosiddetta stampa 3D, che costruisce oggetti 3D direttamente da un modello digitale.

Usando il contour rafting sarà possibile costruire una casa di 180 metri quadri esclusivamente con la macchina in un giorno.

La ragione per cui c'è interesse per la costruzione automatizzata è che porta realmente un sacco di benefici.

Per esempio, l'edilizia comporta un lavoro alquanto faticoso e, sebbene dia occupazione a un settore della società, ha anche problemi e complicazioni, il lavoro del muratore è il più pericoloso, più di quello del minatore o dell'agricoltore, quello con la più alta mortalità in quasi ogni paese.

Un altro problema è rappresentato dagli scarti: una casa media, negli Stati Uniti, crea da tre a sette tonnellate di scarti, è tantissimo, se consideriamo l'impatto dell'edilizia, (sappiamo che circa il 40% di tutti i materiali nel mondo sono usati nell'edilizia), quindi, un grande spreco di energia e risorse, oltre che un ingente danno all'ambiente.

Costruire case usando martello, chiodi e legno, allo stato odierno della nostra tecnologia, è davvero assurdo e la cosa farà la fine che ha fatto il mestiere di operaio delle manifatture statunitensi.

Di recente uno studio dell'economista David Autor del MIT ha sostenuto che la nostra classe media è obsoleta e sta per essere rimpiazzata dall'automazione, semplicemente la meccanizzazione è più produttiva, efficiente e sostenibile del lavoro umano quasi in ogni settore dell'economia.

Le macchine non hanno bisogno di ferie, pause, assicurazioni, pensioni, possono lavorare ventiquattro ore al giorno, ogni giorno.

La produttività e l'accuratezza sono ineguagliabili, se confrontate con il lavoro umano, il punto è che il lavoro umano ripetitivo sta diventando obsoleto e poco pratico per tutto il mondo e la disoccupazione che vedete oggi è principalmente il risultato di questa evoluzione dell'efficienza della tecnologia.

Per anni, gli economisti hanno ignorato questa crescente tendenza, che può essere chiamata disoccupazione tecnologica perché nuovi settori sono sempre saltati fuori ad assorbire disoccupati.

Oggi il settore dei servizi è l'unico appiglio rimasto e offre lavoro a oltre l'80% dei lavoratori americani, con una proporzione simile in molti dei paesi industrializzati.

Tuttavia, questo settore deve ora fare i conti con sportelli automatizzati, ristoranti automatizzati, e anche negozi automatizzati.

Gli economisti stanno finalmente ammettendo ciò che hanno negato per anni, non solo la disoccupazione tecnologica sta aggravando l'attuale crisi del lavoro, che già vediamo ovunque a causa della crisi economica globale, ma più la crisi si aggrava e più velocemente le industrie meccanizzano, il tranello ancora non scoperto, è che più velocemente automatizzano per risparmiare, più licenziano persone, riducono il potere di acquisto della popolazione.

Questo significa che mentre le aziende possono ridurre tutto a minor costo, sempre meno persone hanno denaro per comprare qualcosa indipendentemente da quanto sia diventato conveniente.

In sostanza il gioco del lavoro in cambio di paga sta lentamente arrivando alla fine.

Infatti, ci si deve prendere un momento per riflettere sulle professioni di oggi, sul fatto che l'automazione potrebbe sostituire da subito, se applicata, il 75% della forza lavoro potrebbe essere sostituita da macchinari, domattina.

Questo è il perché, in un'economia basata sulle risorse, non c'è nessun sistema monetario di mercato, nessun denaro perché non ce n'é bisogno.

Un'economia basata sulle risorse riconosce l'efficienza della meccanizzazione e la accetta per quello che può offrire, non la combatte, come succede oggi, perché è irresponsabile non prestare attenzione all'efficienza e alla sostenibilità.

E questo ci riporta al nostro sistema urbano: al centro si trova il padiglione che non solo ospita strutture scolastiche e gli snodi di trasporto, ma contiene il centro di calcolo che esegue le operazioni tecniche della città.

La città, infatti, è una grande macchina automatica, ha sensori in tutte le cinture tecniche, per monitorare il progresso dell'agricoltura, il ricavo dell'energia e simili.

Sarebbero necessarie delle persone per sovrintendere queste operazioni in caso di malfunzionamento? Molto probabilmente sì, ma il loro numero diminuirebbe col tempo, con l'avanzare dei miglioramenti, tuttavia a oggi forse il 3 % della popolazione urbana sarebbe necessaria per questo compito.

Se si fanno i conti, vi possono assicurare che in un sistema economico che è studiato per prendersi cura di te e assicurarti il benessere senza costringerti a sottometterti a una dittatura ogni giorno, a un lavoro che di solito è tecnicamente non necessario o socialmente inutile, mentre lotti con debiti che non esistono solo per sbarcare il lunario….

….vi garantisco la gente si offrirà volontaria da tutte le parti per mantenere e migliorare un sistema che, di fatto, si prenda cura di loro.

E con quella storia dell'incentivo arriva la comune supposizione che senza una qualche pressione esterna affinché si lavori per campare, la gente se ne starebbe con le mani in mano a far nulla e diventerebbe una massa informe e pigra, è questo non ha senso.

Il tema del lavoro che abbiamo oggi è, di fatto, il generatore della svogliatezza, non un suo risolutore.

Se pensi a quando eri un bambino pieno di vita, interessato a imparare nuove cose come creare, esplorare, però, con il tempo, il sistema ti ha spinto a concentrarti sul come fare soldi, e dall'educazione precoce fino agli studi universitari, sei stato limitato, per uscirne infine come una creatura che serve come ruota di un ingranaggio, che manda tutti i frutti all'1%che comanda.

Studi scientifici hanno dimostrato che la gente non è di fatto motivata da una ricompensa monetaria quando si tratta d'ingegnosità e di creare.

La creazione stessa è la ricompensa, infatti, sembra che il denaro serva da incentivo solo per azioni ripetitive e banali, un ruolo che può essere rimpiazzato dalle macchine.

Quando si tratta d'innovare l'uso giusto della mente umana, l'incentivo monetario è un provato intralcio, che interferisce e distrae dal pensiero creativo.

E questo potrebbe spiegare perché Nicola Tesla, i fratelli Wright, e altri inventori, che hanno contribuito massicciamente al nostro mondo attuale, hanno mostrato di non farlo per l'incentivo monetario.

Il denaro, infatti, è un falso incentivo, causa 100 volte più distorsione che contributo.

"Buongiorno ragazzi, la prima cosa che vorrei fare è girare per l'aula e chiedere a ognuno cosa vorrebbe fare da grande".

"Chi vuole iniziare?" " Che mi dici Sara?" " Quando sarò grande, voglio lavorare da McDonald's come mia madre!" " Oh, tradizione di famiglia eh?"

"E tu Linda?" "Quando diventerò grande, farò la prostituta per le strade di New York!"

"Oh !ragazza seducente eh?" Molto ambizioso.

"E tu Tommy?" "quando sarò grande, diventerò un uomo d'affari ricco che lavora a Wall Strett e guadagna dal crollo delle economie estere."

"Imprenditoriale e con un bell'interesse multiculturale!" " Vittime della cultura".

Come già detto, un'economia basata sulle risorse applica il modello scientifico all'ambito sociale e non limitandosi solo all'efficienza tecnica, ma considerando anche il benessere umano e sociale in modo diretto o meno.

Quanto vale un sistema sociale se, alla fine, non produce felicità e convivenza pacifica?

È quindi importante sottolineare che rimuovendo il sistema monetario e una volta garantite le necessità primarie, vedremmo quasi subito una riduzione globale di circa il 95% della criminalità perché non ci sarebbe nulla da rubare, arraffare, truffare…

Il 95% dei detenuti oggi è in prigione a causa di crimini legati al denaro, all'abuso di droga; e l'abuso di droga è una malattia, non un crimine.

E il restante 5%? I veri violenti (alcuni sono violenti solo per il gusto di esserlo) sono semplicemente persone cattive? Il motivo per cui credo che sia una perdita di tempo dare giudizi di carattere morale sulla violenza delle persone è che giudicare non aumenta di nulla la nostra comprensione delle cause o la prevenzione del comportamento violento.

La gente a volte chiede se io credo nel perdono dei criminali, la mia risposta è no, io non credo nel perdono più di quanto creda nella condanna.

Se solo come società, potessimo trattare la violenza come un problema di salute pubblica e di prevenzione invece che come un male morale, solo facendo questo cambio di atteggiamenti, presupposti e valori riusciremmo veramente a ridurre il livello di violenza, piuttosto che favorirla, che è quello che stiamo facendo ora.

Più giustizia si cerca, più ci si fa male perché non esiste una giustizia là fuori, c'è quello che c'è.

Se la gente è condizionata a esser bigotta e razzista o se si è cresciuti in un ambiente che propugna queste idee, perché incolpare qualcuno per questo? Sono vittime di una sub cultura, perciò vanno aiutati.

Il punto è che dobbiamo riprogettare l'ambiente che produce comportamenti aberranti, questo è il problema; non mettere una persona in prigione; per questo giudici, avvocati o il concetto di libero arbitrio sono pericolosi perché disinformano.

Serial killer si diventa, come i soldati diventano serial killer con un mitra, diventano delle macchine da guerra, ma nessuno li guarda come sicari o assassini perché ciò è naturale, così incolpiamo la gente.

Diciamo: "quel tipo era un nazista, torturava gli ebrei". Non fu educato a torturare gli ebrei.

Una volta che accetti come fatto che le persone facciano scelte individuali, sono libere di fare quelle scelte e liberi di fare scelte vuol dire non essere influenzati: io questo non lo vedo proprio.

Tutti noi siamo influenzati in tutte le nostre scelte dalla cultura in cui viviamo, dai nostri genitori e dai valori dominanti.

Siamo influenzati, non ci sono scelte libere, qual è il miglior paese del mondo? La risposta esatta è "non ho girato tutto il mondo e non so abbastanza delle varie culture per rispondere", ma io non conosco nessuno che risponda così.

Dicono che sono i vecchi e cari USA, il più grande paese al mondo!

"Sei stato in INDIA, NO"

"sei stato in INGHILTERRA, NO"

"sei stato in FRANCIA, NO", quindi su cosa basi le tue supposizioni? Non sanno rispondere, si infuriano; dicono "chi diavolo sei tu per dirmi cosa pensare?"

Non dimenticare sono persone fuorviate, non sono responsabili delle loro risposte sono vittime della cultura ovvero sono state influenzate dalla cultura.

Quando consideriamo un'economia basata sulle risorse, spesso ci sono varie discussioni che tendono a venir fuori...

... "EH!" "EH!EHI!" "aspetta un attimo!" "so cos'è questo, si chiama MARXISMO, amico" "STALIN ha ucciso 800 miliardi di persone per idee come questa"...

"Mio padre è morto in un Gulag!" "comunista...fascista !"

"se non ti piace l'America, vattene!" "Ok ragazzi calmatevi..." "morte al nuovo ordine mondiale!"

E man mano che aumentava l'irrazionalità del pubblico scioccato e confuso, il narratore ebbe un infarto fatale, e il film di propaganda comunista cessò.

...sai, ho detto queste cose a persone del "tino tank" sai questi del club off rome e così via loro dicono "Marxista!" Cosa? Marxista? Da dove arriva ? hanno solo quest'icona cui aggrapparsi e il loro santo Graal, ed è così facile; mi chiedono se sia socialista o comunista o capitalista, io dico: nessuna delle precedenti.

Perché pensate che siano le uniche opzioni? Tutti quei concetti politici furono creati da scrittori che credevano di vivere in un pianeta con infinite risorse.

Nemmeno una di quelle filosofie politiche contempla la carenza di qualsiasi cosa.

Credo che il comunismo, socialismo, capitalismo e fascismo siano parte dell'evoluzione sociale. Non puoi fare un passo enorme da una cultura all'altra ci sono dei sistemi intermedi.

Prima di qualunque "ismo", c'è il contesto della vita, e il contesto è semplicemente tutto ciò che è richiesto per fare il prossimo respiro, riguarda l'aria che respiri, l'acqua che bevi, la sicurezza che hai, l'educazione che puoi avere, tutte le cose che condividiamo e usiamo, di cui la vita, in nessuna cultura, può fare a meno.

Dobbiamo ripartire dal contesto della vita e il contesto della vita non è "ismo".

E "analisi del valore", per la vita, e semplicemente un dato di fatto storico che la cultura dominante di ogni particolare società rispecchi gli interessi del gruppo dominante in quella stessa società.

In una società schiavista le credenze sugli esseri umani, sui loro diritti e così via, riflettono le esigenze dei proprietari degli schiavi.

In una società, invece, basata sul potere di certe persone di controllare e trarre profitto dalla vita e dal lavoro di milioni di altri, la cultura intellettualmente dominante rispecchierà le esigenze del gruppo dominante.

Quindi, se si guarda tutta la linea, le idee che pervadono la psicologia, la sociologia, la storia, l'economia politica e la scienza politica, fondamentalmente riflettono alcuni interessi dell'élite.

E gli accademici che mettono tutto questo in discussione tendono a essere messi da parte ed essere visti come una specie di "radicali". I valori dominanti di una cultura tendono a sostenere e perpetuare ciò che è premiato da tale cultura.

E in una società dove il successo e lo status si misurano in termini di ricchezza materiale e non in contributo sociale, è facile da capire perché lo stato del mondo è quello che è.

Si tratta di una distorsione del sistema di valori, completamente snaturato, dove la priorità della salute personale e sociale è diventata secondaria rispetto all'idea disastrosa di ricchezza artificiale e di crescita illimitata.

E, come un virus, questo disturbo permea ogni aspetto del governo, dei media, del divertimento e persino del mondo accademico.

E insiti nella sua struttura ci sono dei meccanismi di protezione da tutto ciò che potrebbe interferire, i seguaci della religione del mercato monetario, i guardiani autoproclamati dello status quo, sono costantemente alla ricerca di modi per evitare ogni forma di pensiero che potrebbe interferire con il loro credo, il più comune è quello delle "dualità proiettate".

Se non sei un repubblicano, devi essere un democratico, se non sei un cristiano, sarai un satanista; e se pensi che la società possa essere molto migliorata fino a considerare il prendersi cura di tutti allora sei soltanto un utopista, e il dualismo più insidioso è, se non sei per il "libero mercato", devi essere contro la libertà stessa.

Io credo nella libertà, ogni volta che senti la parola "libertà" ingerenza di governo, dette da qualche parte, vogliono dire che ciò blocca la massimizzazione della rendita finanziaria per i detentori del denaro.

E ci butteranno dentro un "abbiamo bisogno di più beni per la gente" o "questa libertà contro tirannia" e così via, ogni volta che senti decifrarla così , penso che troverai una correlazione uno a uno ogni volta che la usano.

Questa, in un certo senso, potremmo chiamarla "sintassi", una sintassi che governa comprensione e valori, essa li governa oltre la loro stessa consapevolezza così potranno dire "oh ma io non intendevo quello!" ma, di fatto, è ciò che intendono.

E come parlare secondo grammatica, si hanno regole grammaticali che si seguono senza rendersi conto di quali siano... e così si ha quella che chiamiamo "sintassi dei valori dominanti" al di sotto del fenomeno; quindi ogni volta che dicono "ingerenza di governo, mancanza di libertà, libertà o progresso o sviluppo" tu puoi decifrare per farle tornare a quel significato.

Ovviamente quando senti la parola "libertà" di solito, è insieme alla parola "democrazia".

E curioso come oggi le persone sembrino credere di avere un'importante influenza sul comportamento dei loro governi, dimenticando che per sua natura il nostro sistema mette tutto in vendita unico voto che conta e quello monetario e non importa quanto gli attivisti protestino su etica e responsabilità.

Nel sistema-mercato, ogni politico, ogni legislazione e, di conseguenza, ogni governo è in vendita.

Ci sono stati salvataggi da venti miliardi di dollari delle banche dal 2007, e una quantità di denaro che avrebbe potuto convertire le infrastrutture di energetica globale a metodi interamente rinnovabili, è andate invece a istituzioni che non fanno niente per aiutare la società, istituzioni che potrebbero essere eliminate domani senza conseguenze…eppure la cieca convinzione che la politica e i politici esistano per il benessere comune ancora perdura.

Il fatto è che la politica è un affare non diverso dagli altri nel sistema di mercato che, innanzitutto perseguano il loro interesse; io non credo in tutta onestà, nell'azione politica. Penso che il sistema si espanda e si contrae come vuole, si adegua a questi mutamenti, penso che il movimento per i diritti civili sia una concessione di chi possiede il paese, penso che sappiano dove sia il loro interesse personale; vedono di buon occhio una certa quantità di libertà "un'illusione di libertà" e concedono un giorno per votare ogni anno dando alla gente l'illusione di poter scegliere, un tranello senza senso, andare come schiavi e dire "oh, ho votato".

I limiti del dibattito in questo paese sono stabiliti prima che il dibattito inizi e tutti gli altri sono fatti passare per comunisti o per persone in qualche modo sleali, per "spostati", ecco la parola, e si arriva alla cospirazione, ecco cosa hanno inventato.

Un'idea che da non prendere in considerazione neanche per un minuto, i potenti che si uniscono in un progetto comune! Ma va! Sei uno spostato sei, un maniaco delle cospirazioni!

E tra tutti i meccanismi di difesa di questo sistema, ce ne sono due che si ripetono, il primo è l'idea che il sistema sia stato la "causa" del progresso materiale che abbiamo visto in questo pianeta.

Beh…NO.

Ci sono fondamentalmente due cause che hanno creato la cosiddetta "ricchezza" e la crescita della popolazione che vediamo oggi.

Uno: il progresso esponenziale della tecnologia di produzione, quindi ingegnosità scientifica.

Due: la scoperta di carburanti fossili abbondanti che ora è il fondamento di tutto il nostro sistema socio economico.

Il libero mercato e il sistema capitalista, non ha fatto nient'altro che cavalcare l'onda di questi eventi con un sistema d'incentivi distorto e un metodo casuale e rozzamente diseguale di utilizzare e distribuire questi frutti.

La seconda difesa, è un belligerante pregiudizio sociale generato da anni di propaganda che guarda ad altri sistemi sociali come la rotta verso la cosiddetta "tirannia" e ci mettono dentro uno Stalin, un Mao, un Hitler…e il bilancio delle vittime da esso generati.

Beh, per quanto dispotici questi uomini siano stati assieme all'approccio sociale che hanno promosso, quando si gioca il gioco della morte quando si arriva al sistematico quotidiano sterminio di massa di esseri umani, niente nella storia è paragonabile con quello che abbiamo oggi.

Carestie: almeno per tutto il secolo scorso non sono state causate dalla mancanza di cibo.

Sono state causate dalla povertà relativa, le risorse economiche sono state distribuite così iniquamente che i poveri semplicemente non hanno avuto abbastanza soldi da comprare cibo che sarebbe stato disponibile se solo fossero stati in grado di permetterselo, questo è un esempio di violenza strutturale.

Un altro esempio: in Africa e anche altrove, ma mi concentrerò sull'africa, decine di milioni di persone muoiono di AIDS; perché muoiono? Non è perché non sappiamo come curare l'AIDS.

Abbiamo milioni di persone nei paesi ricchi che stanno molto bene perché hanno le medicine per tenere il male sotto controllo. La gente che in Africa muore di AIDS non muore per causa del virus dell'HIV, ma perché non ha i soldi con cui pagare i farmaci che potrebbero mantenerla in vita.

Gandhi lo capì e disse: "La più mortale forma di violenza è la povertà", ed è assolutamente vero.

La povertà uccide molte più persone di tutte le guerre nella storia, più di tutti gli assassini della storia, più di tutti i suicidi, non solo la violenza strutturale uccide più persone di tutta la violenza comportamentale messa insieme, ma la violenza strutturale è anche la causa principale della violenza comportamentale.

Al di là del picco; il petrolio è alla base ed è presente durante la costituzione della civiltà umana, ci sono dieci categorie di energie da *idrocarburi petroli* e *gas naturali* per ogni categoria di cibo che mangiamo nel mondo industrializzato: i fertilizzanti sono fatti con il gas naturale, i pesticidi sono tratti dal petrolio, si usano mezzi a petrolio per piantare, arare, irrigare, raccogliere, trasportare e impacchettare.

Si avvolge il cibo nella plastica che è petrolio, tutta la plastica è petrolio, ci sono trenta litri di petrolio in ogni pneumatico, il petrolio è ovunque, è onnipresente.

Ed è solo a causa del petrolio che vi sono sette miliardi di persone quasi su questo pianeta, ora come ora l'arrivo di questa energia comoda e poco costosa, che è equivalente per inciso a milioni di schiavi che lavorano tutto il giorno, ha cambiato il mondo in modo radicale nell'ultimo secolo e la popolazione è aumentata dieci volte.

Entro il 2050, però, la disponibilità di petrolio potrà sostenere meno di metà dell'attuale popolazione mondiale con l'attuale stile di vita.

Quindi, la quantità di adattamento necessaria a vivere diversamente è enorme, nel mondo oggi si usano sei barili di petrolio per ogni barile scoperto, cinque anni fa se ne usavano quattro per ogni barile scoperto, tra un anno se ne utilizzeranno otto per ogni barile effettivo.

Ciò che trovo inquietante è l'assenza di qualsiasi impegno reale da parte dei governi e delle principali industrie di tutto il mondo, a fare qualcosa di diverso.

Abbiamo alcuni tentativi di costruire più centrali eoliche e magari di fare qualcosa con le maree; abbiamo tentativi di rendere le nostre macchine un po' più efficienti, ma non c'è niente che assomigli veramente a una rivoluzione imminente; queste sono tutte cose da poco e penso che ciò sia spaventoso.

E i governi, che sono guidati da questi economisti che non capiscono, davvero quanto stiamo dicendo, cercano di favorire il consumismo per ripristinare la prosperità perduta con la speranza di riportare in vita il passato.

Stanno stampando denaro, privo di qualsiasi garanzia, quindi se l'economia migliorasse e ritornasse la famosa crescita, avrebbe vita breve perché entro poco tempo, quantificabile in mesi anziché in anni, si scontrerebbe di nuovo contro i limiti dell'approvvigionamento.

Ci sarà un altro shock dei prezzi, e una recessione peggiore, perciò penso che finiremo in una serie di circoli viziosi, si ha una crescita economica in aumento, i prezzi s'impennano e tutto si ferma, è il punto dove stiamo ora.

Col tempo si comincia a risalire, ma ora siamo a un punto dove non c'è più capacita di produrre energia a basso costo.

Siamo al picco; siamo sulla discesa della produzione petrolifera, non c'è modo di cavarne altro dalla terra più velocemente, il che significa che si ferma tutto, il prezzo del petrolio cala, come ha fatto all'inizio del 2009, ma dopo, appena c'è una ripresa, il prezzo del petrolio comincia a risalire.

Di recente oscillava intorno agli 80 dollari al barile e ciò che vediamo e che, anche a 80 dollari al barile, con il crollo economico e finanziario la gente ha difficoltà a permetterselo.

La produzione mondiale comporta oggi circa ottantasei milioni di barili il giorno; nei prossimi dieci anni, si prevede che quattordici milioni dovranno essere rimpiazzati, non c'è nulla nelle vicinanze che possa arrivare a soddisfare neanche l'1% di una domanda simile.

Se non facciamo qualcosa molto in fretta ci sarà un enorme carenza di energia, penso che il grande errore sia stato di non riconoscere, una decina di anni fa, che uno sforzo comune doveva essere fatto per sviluppare queste forme di energia sostenibile.

Penso che sia qualcosa che i nostri nipoti guarderanno con incredulità "voi altri sapevate di avere a che fare con una risorsa limitata, come avete potuto basare la vostra economia su qualcosa destinato a scomparire ?".

Per la prima volta nella storia umana la specie è ora di fronte all'esaurimento di una risorsa di base, centrale per il nostro attuale sistema di sopravvivenza e la parte più spassosa della storia che è anche con il petrolio sempre più scarso, il sistema economico continua a incoraggiare ciecamente il suo modello di crescita cancerogena, così la gente può andare a comprare sempre più auto a petrolio per fare PIL e posti di lavoro; esasperando il declino.

Ci sono soluzioni per sostituire l'impalcatura dell'economia degli idrocarburi?

Naturalmente, ma il percorso necessario per realizzare questi cambiamenti non si manifesterà con i protocolli che richiede il sistema di mercato, perché nuove soluzioni possono essere attuate mediante il meccanismo del profitto.

La gente non investe nelle energie rinnovabili perché non c'è profitto, sia nel lungo sia nel breve termine e l'impegno necessario perché ciò accada può esserci soltanto a costo di una forte perdita finanziaria.

Dunque non c'è un incentivo economico e in questo sistema, se non c'è incentivo economico, le cose non accadono. E oltre a tutto ciò, il picco del petrolio è solo una delle tante conseguenze che emergono dal deragliamento socio-ambientale che sta avvenendo.

Altri declini includono l'acqua potabile, il vero tessuto della nostra esistenza, la quale mostra ora insufficienza per 2,8 miliardi di persone ed è in viaggio verso i quattro miliardi nel 2030.

La produzione di cibo, la distruzione del terreno coltivabile, dal quale oggi proviene il 99,7 % di tutto il cibo umano, avviene fino a quaranta volte più velocemente del suo reintegramento e negli ultimi quaranta anni, il 30%delle terre coltivabili è diventato improduttivo, senza contare che gli idrocarburi sono la spina dorsale dell'agricoltura odierna e con il loro declino ci sarà anche quello del cibo.

Riguardo alle risorse in generale, con i nostri attuali modelli di consumo, entro il 2030 avremo bisogno di due pianeti per mantenere i nostri ritmi, senza parlare della continua distruzione della biodiversità alla base della vita, che è causa di estinzioni di massa e destabilizzazione ambientale intorno al globo, e con tutti questi declini, abbiamo una crescita quasi esponenziale della popolazione che, entro il 2030, potrebbe ammontare a più di otto miliardi di persone sul pianeta.

La sola produzione di energia dovrebbe aumentare del 44% entro il 2030 per rispondere a tale domanda, e ancora, poiché il denaro è l'unico motore di azione, dovremo aspettarci che una qualche nazione del pianeta possa permettersi i massicci cambiamenti necessari per rivoluzionare l'agricoltura, il trattamento dell'acqua, la produzione di energia e via dicendo? Mentre la truffa piramidale del debito globale sta lentamente fermando il mondo intero? Per non parlare del fatto che la disoccupazione che osserviamo oggi diventerà la normalità a causa della disoccupazione tecnologica.

I posti di lavoro non ritorneranno, e infine facendo una panoramica sociale dal 1970 al 2010, verifichiamo che la povertà su questo pianeta è raddoppiata a causa di questo sistema e considerando la situazione attuale, pensate onestamente che vedremo qualcosa che non sia un altro raddoppio di sofferenza e ulteriore fame nel mondo?

L'inizio: non ci sarà una ripresa, questa non è solo una lunga recessione dalla quale un giorno usciremo: credo che la fase successiva, che vedremo dopo il prossimo giro di collassi economici sarà una massiccia ribellione popolare, quando le indennità di disoccupazione non saranno più pagate, perché agli stati non restano più soldi e quando le cose si metteranno così male, che la gente perderà fiducia nei leader che ha eletto, pretenderà un cambiamento; se non ci ammazziamo a vicenda durante o distruggiamo l'ambiente.

Ho solo paura che possiamo arrivare al punto di non ritorno e questo mi preoccupa infinitamente, facciamo quel che possiamo per evitare tale situazione.

E chiaro che siamo sull'orlo di una grande transizione nella vita umana, ciò che abbiamo davanti adesso è questo cambiamento fondamentale della vita che abbiamo conosciuto nel secolo scorso.

Deve esserci un legame tra l'economia e le risorse del pianeta, che comprende naturalmente tutta la flora, la fauna, la salute degli oceani e tutto il resto.

Questo paradigma monetario non mollerà finché non avrà ucciso l'ultimo essere umano. L'élite farà tutto il possibile per rimanere al potere e questo va tenuto a mente.

Userà l'esercito, la marina e le menzogne o qualsiasi cosa si possa usare per rimanere al potere, non ha certo intenzione di cederlo perché non conosce un altro sistema che perpetui il proprio genere.

E in diretta da New York vedremo che la protesta globale ferma l'economia mondiale da LONDRA, CINA, SUD AFRICA, SPAGNA, RUSSIA, CANADA, ARABIA SAUDITA, il tasso di criminalità s'impenna in occidente. L'ONU, dichiara lo stato di emergenza globale, la disoccupazione tocca il 65%, continua la paura di una guerra mondiale, il collasso del debito è causa di carestie.

"Riprendete quelle scene"…

 Sebbene non sia stata riportata alcuna violenza, si tratta di una protesta senza precedenti, sembra che l'equivalente di migliaia di dollari sia sistematicamente ritirato dai conti bancari di tutto il mondo e scaricato davanti alle varie banche centrali del pianeta.

Questo è il tuo mondo, questo è il nostro mondo, la rivoluzione è adesso. " (1) "

Spero che quanto scritto porti a riflettere su cosa ci aspetta, soprattutto se le cose non dovessero cambiare rispetto a quanto conta veramente nella vita degli esseri umani. Il senso vero della vita, la sua preservazione dipendono dalla capacità di smettere di avere paura ed essere ottusi e ignoranti su quanto ci circonda, aspettando che qualcun altro faccia al posto nostro quello che potremmo fare noi; tutti abbiamo dei buoni propositi, chi più, chi meno, il problema vero sta nel metterli in atto.

Sappiamo di che cosa l'uomo sia capace in tutti i campi, il progresso degli ultimi 100 anni ne è la dimostrazione, le nuove generazioni si rendono conto di quello che sta accadendo, ma il benessere che si sono ritrovati rispetto ai nostri avi ha fatto perdere di vista il senso della vita; ma se ne stanno fortunatamente rendendo conto, anche se con un certo ritardo. Quello che è stato fatto non si può cambiare, ma si può cercare di migliorare il presente per un futuro migliore, dobbiamo avere più fiducia in noi stessi e tornare alle cose semplici.

Il cambiamento dell'epoca è senza precedenti, cambiare modo di vivere a parole non è semplice, ma tutti insieme possiamo farcela, la vita è troppo bella perché sia distrutta, l'amore, l'amicizia, un sorriso di un bambino contano molto di più di tutto il denaro, e il progresso che finora ha sostituito i valori fondamentali dell'essere umano.

BIBLIOGRAFIA:

- **Author,** 25/gen/2011 ZEITGEIST MOVING FORWARD
http://www.youtube.com/watch?v=4Z9WVZddH9w

Dedico questo libro a tutte le persone che mi conoscono, a chi credeva e contava in quello che sono e quello che potevo essere, alla mia famiglia che mi ha dato tanto, a mia sorella che ha un posto speciale nel mio cuore e, soprattutto, a Dio che mi ha permesso di essere ancora qui.

INDICE

Finito di stampare nel mese di Ottobre 2013
per conto di Youcanprint *Self - Publishing*